Docteur Elisabeth
KÜBLER-ROSS

LA MORT

dernière étape de la croissance

*traduit de l'américain
par Pierre Maheu*

Traditions et Conscience
ÉDITIONS DU ROCHER
Jean-Paul BERTRAND
Éditeur

Du même auteur
dans la même collection

La Mort est un nouveau soleil

La Mort et l'enfant

Vivre avec la mort et les mourants

ISBN 2.268.00730.8

La prière des Soignants

SEIGNEUR,
Fais de moi l'instrument de ta santé ·
que j'apporte au malade
la guérison;
au blessé
le secours;
à celui qui souffre
le soulagement;
à celui qui est triste
la consolation;
à celui qui désespère
l'espoir;
à celui qui meurt
l'acceptation et la paix

PERMETS que je ne cherche pas tant
à avoir raison
qu'à consoler;
à être obéi
qu'à comprendre;
à être honoré
qu'à aimer...
car c'est en se donnant
qu'on guérit,
c'est en écoutant
qu'on console,
et en mourant
qu'on naît à la vie éternelle.

PRIÈRE DE SAINT FRANÇOIS
(modifiée par Charles C. Wise)

Dédié à

Manny, Kenneth et Barbara, dont l'amour permet ce travail, et à la mémoire de ma mère, morte le jour même de l'achèvement de ce manuscrit, le 12 septembre 1974.

Je remercie Doug McKell de son aide inlassable à l'élaboration de ce manuscrit, Rosalie Monteleoni, qui veille sur ma bonne humeur et le fonctionnement de mon bureau, et les Rubin, dont le soutien reste constant quand j'en ai le plus besoin.

Jœ et Laurie Braga n'ont pas seulement eu l'idée de ce livre, mais ont passé des heures innombrables à lui donner forme, mettant dans cette tâche un amour que seule peut inspirer une véritable amitié.

Avant-propos

Notre société voue un culte à la jeunesse et au progrès, et la mort y est un sujet évité, ignoré, passé sous silence. C'est presque comme si nous prenions la mort comme rien de plus qu'une autre maladie à vaincre. Mais en fait, la mort est inévitable. Nous mourrons tous, ce n'est qu'une question de temps. La mort fait partie de l'existence, de la croissance et du développement de l'homme, tout autant que la naissance. C'est l'une des rares choses dans la vie sur lesquelles on peut compter, dont on peut être certain qu'elles se produiront. La mort n'est ni un ennemi à vaincre, ni une prison à fuir. C'est une partie intégrante de la vie qui donne sens à l'existence humaine. En posant la limite du temps que nous avons à vivre, elle nous pousse à en faire un usage productif aussi longtemps qu'il nous est donné.

Voici donc le sens de *La Mort, dernière étape de la croissance* : tout ce qu'on est, ce qu'on a fait et été trouve son aboutissement dans la mort. Quand on meurt, si on a la chance d'en être averti d'avance (autrement que par la conscience que nous pouvons tous prendre de notre finitude), on a une dernière chance de croître, de devenir plus véritablement soi-même, plus pleinement humain. Mais il ne faut pas attendre que la mort frappe à la porte pour commencer à vivre vraiment. Apprendre à voir la mort comme un compagnon invisible mais amical dans le voyage de la vie — qui vous rappelle doucement de ne pas remettre à demain ce que vous voulez faire —, c'est apprendre à vivre sa vie plutôt qu'à la traverser.

Que l'on meure jeune ou plus vieux importe moins que de vivre pleinement les années qu'on aura eues. Tel vivra plus en vingt ans que tel autre en quatre-vingts. Par «vivre», nous n'entendons pas accumuler frénétiquement des expériences nombreuses et diverses, propres à frapper l'imagination des autres, mais plutôt vivre chaque jour comme si c'était le seul qui vous reste. Nous voulons dire trouver une paix et une force qui fassent assumer les déceptions et les souffrances de la vie en s'efforçant toujours de découvrir les moyens d'accéder plus souvent à ses joies et à ses délices. Un de ces moyens, c'est d'apprendre à faire le foyer sur les choses que vous avez appris à identifier; se réjouir du bourgeonnement des feuilles au printemps, s'émerveiller de la beauté du soleil levant chaque matin et du couchant chaque soir, se réconforter d'un sourire ou d'une caresse, s'éblouir de voir un enfant grandir, partager l'enthousiasme et la confiance sans complexe des enfants pour la vie. Vivre.

Se réjouir de la chance de vivre chaque jour nouveau, c'est se préparer à l'acceptation finale de la mort. Car ce sont ceux qui n'ont pas vraiment vécu qui prennent le plus mal la mort — ceux qui ont laissé les problèmes sans solution, les rêves irréalisés, les espoirs détruits, ceux qui ont négligé les choses vraies de la vie (aimer et être aimé, contribuer positivement au bonheur et au bien-être des autres, trouver ce qui est *vraiment vous*). Il n'est jamais trop tard pour commencer à vivre et à croître. C'est ce message que nous rappelle chaque année le «Cantique de Noël» de Dickens : même le vieux Scrooge, après des années de vie sans amour ni sens, peut changer de route quand il le veut. La vie humaine est croissance et la mort est la dernière étape de la croissance des êtres humains. Pour apprécier la vie tous les jours et non seulement quand on saura que la mort approche, il faut avoir rencontré et accepté comme inévitable sa propre mort. Il faut laisser la mort fournir le contexte de nos vies, car c'est en elle que se cachent le sens de la vie et la clef de notre croissance.

Pensez à votre propre mort. Combien de temps et d'énergie avez-vous consacrés à l'examen de vos sentiments, croyances, espoirs et peurs au sujet de la fin de votre vie? Et si vous appreniez qu'il ne vous reste que peu de temps à vivre? Changeriez-vous de façon de vivre? Y a-t-il des choses que vous tiendriez à faire avant de mourir? Avez-vous peur de mourir? De la mort? Pouvez-vous identifier les sources de vos peurs? Songez à la mort de quelqu'un que vous aimez. De quoi parleriez-vous avec un être cher qui mourrait? Que feriez-vous ensemble du temps qui vous resterait? Pourriez-vous assumer les détails légaux à la mort d'un parent? Avez-vous parlé de la mort et de mourir avec votre famille? Y a-t-il des questions émotionnelles ou pratiques que vous ressentiriez le besoin de régler avec vos parents, vos enfants, vos frères et sœurs avant votre mort ou la leur? Ce qui donnerait plus de sens à votre vie, peu importe quoi, faites-le maintenant, puisque vous allez bel et bien mourir; et que vous n'en aurez peut-être pas le temps ou l'énergie après le dernier avis.

Le Dr Elisabeth Kübler-Ross a réuni ici plusieurs points de vue sur la mort et le mourir, qui vous aideront à chercher le sens de la vie et de la mort. Que vous soyez mourant, parent, ami ou amour d'un mourant, membre d'une des professions qui travaillent avec les patients terminaux, ou que vous désiriez simplement apprendre à vivre plus pleinement en comprenant mieux le sens de la mort, ce livre vous apportera des intuitions qui devraient vous aider à trouver la paix dans la vie et dans la mort.

L'auteur a assemblé et intégré ici une collection d'essais sur la mort et le mourir qui devraient provoquer vos idées et vos sentiments sur le sujet. Elle fait part des expériences de sa propre vie, qui lui ont donné l'autorité et la force nécessaires pour ouvrir nos yeux et nos cœurs aux réalités de la mort et du mourir. Des ministres et rabbins, médecins, infirmières, directeurs funéraires et sociologues présentent leur point de vue; on découvre les visions que d'autres cultures ont de la mort et du mourir; on partage les sentiments de mourants et de personnes qui ont vécu la mort d'un être cher. Qui que vous soyez, où que vous en soyez dans le voyage de la vie, vous trouverez ici quelque chose pour éclairer votre chemin.

Nul ne sait ce qui nous attend après cette vie. Mais vous prendrez connaissance ici des pensées, des croyances et des espoirs d'autres cultures et d'individus de notre culture. Vous observerez le changement, la croissance d'une femme qui rapporte ses expériences à la mort de son fils unique. Vous apprendrez les moyens que certains ont trouvés pour résoudre leur deuil après la mort d'un être cher, et vous verrez comment vous aider vous-même et aider les autres en pareil cas. Vous apprendrez quels facteurs influencent la façon d'envisager la mort de chacun, quels traits de personnalité permettent de prévoir l'acceptation de ce destin. Et vous verrez comment appliquer tout cela dès maintenant dans votre vie quotidienne, même s'il vous reste cinquante ans à vivre sur cette terre.

Mais les concepts au sujet de la mort et du mourir ne suffisent pas. Il faut dépasser les mots et s'impliquer dans les sentiments que ces mots provoquent chez vous. En lisant, il importe de prendre conscience des émotions que ces textes provoqueront chez vous, et de les examiner. Étudiez vos sentiments en rapport avec votre façon de vous conduire quant à (1) la mort des autres, amis, parents, ou patients que vous servez professionnellement, (2) votre propre mort et (3) votre façon de vivre votre vie.

Le courage et l'amour de l'humanité dont Elisabeth Ross a fait preuve en attirant une grande attention publique sur le sujet généralement évité de la mort et du mourir nous donnent une chance nouvelle de découvrir le vrai sens de la vie en faisant face à la mort dans le développement humain et en apprenant ainsi à utiliser le don de la vie de la façon la plus heureuse et productive possible. Affronter un problème fait croître, qu'on le règle ou non. Dans notre société, la mort est un problème. Nous vous pressons de relever le défi, et de saisir cette occasion d'affronter ce problème bien en face. Vous sortirez grandi de l'expérience.

JOSEPH L. BRAGA

LAURIE D. BRAGA

Éditeurs généraux

Préface : Voyage au pays de la mort et de la croissance

Au moment où ce livre paraîtra, dix années se seront écoulées depuis ma première entrevue avec une jeune patiente mourante, au Colorado, devant un groupe d'étudiants en médecine.

Rien de tout cela n'était prévu ou préconçu, et nul n'avait la moindre idée que ce genre de « séminaire sur la mort et le mourir » serait un jour connu et copié dans tout le pays et à l'étranger. J'étais moi-même étrangère et n'aurais jamais imaginé écrire un livre sur ce sujet; je commençais à enseigner la psychiatrie et cherchais simplement à bien faire mon travail. J'arrivais d'Europe, et j'étais frappée par le manque d'intérêt et d'appréciation des étudiants en médecine pour la psychiatrie. Il me faut admettre que plusieurs professeurs étaient franchement ennuyeux et se contentaient de répéter à ces jeunes étudiants le contenu des manuels de psychiatrie qu'ils auraient mieux fait de lire eux-mêmes. D'autres inondaient les étudiants d'une terminologie qui ne voulait rien dire pour eux; il ne leur restait qu'à oublier la voix du professeur ou à faire un somme durant le cours.

C'était un défi pour moi que d'enseigner la psychiatrie sous la direction d'un professeur distingué et admiré*, et je cherchais un moyen de garder mes étudiants éveillés et intéressés durant mon cours de deux heures. J'étais décidée à ne pas parler des maladies psychiatriques, et il m'apparut que la mort et le mourir seraient un sujet intéressant, auquel tous ces étudiants devraient faire face un jour. Je

* Le dr Sydney Margolin, Denver, Colorado.

cherchai désespérément des textes, mais il n'y avait pas grand-chose. Mon premier cours porta finalement sur les rites et les coutumes face à la mort dans diverses cultures, des Indiens d'Amérique à l'homme occidental moderne. Pour donner à ces considérations plus de pertinence et de portée clinique, je fis suivre mon exposé d'une entrevue avec une jeune fille de 16 ans atteinte de leucémie aiguë. Je demandai à mes étudiants en médecine de rester avec moi pour l'interroger. C'est surtout la patiente qui fit les frais de la conversation : les étudiants étaient nerveux, craintifs, figés ou très académiques, montrant bien plus d'angoisse que la jeune mourante.

A mon grand soulagement, aucun des étudiants ne s'endormit. Ils restèrent assis tranquilles, absorbés dans leurs pensées et leurs sentiments au sujet du mystère de la mort, qu'ils devraient bientôt affronter comme médecins (quoiqu'ils n'en eussent pas pris conscience avant les confidences de cette jeune fille).

Longtemps après, à Chicago où ces séminaires étaient devenus hebdomadaires, une autre étudiante en médecine me décrivit avec beaucoup de sagesse comment elle avait pu traverser sans rien remarquer des années d'apprentissage : « J'ai vécu comme étudiante en médecine des expériences de ressuscitation dramatiques et désespérées, mais je me rappelle à peine avoir aperçu un mort. Cela doit venir en partie de mon propre désir d'éviter tout contact avec les cadavres, bien sûr. Mais cela dépend aussi de l'ingéniosité qu'on met à faire disparaître le corps le plus rapidement possible, comme par enchantement. J'en ai passé des heures dans cet hôpital, la nuit comme le jour, mais je n'ai jamais aperçu nulle part la procession de la chambre du malade à sa destination, morgue ou corbillard. »

J'ai continué durant plusieurs années à demander à des patients terminaux de nous servir de professeurs. Les volontaires étaient bien au courant que plusieurs étudiants les regardaient et les entendaient. Pour protéger l'intimité, nous nous asseyions derrière une glace sans tain, d'où nous étions vus et entendus par des médecins, des infirmières, des membres du clergé, des travailleurs sociaux et d'autres personnes impliquées avec des patients mourants. Certains observateurs pouvaient à peine tolérer l'angoisse que ces entrevues provoquaient chez eux; d'autres étaient frappés d'admiration pour le courage et l'ouverture d'esprit de ces patients. Je ne crois pas qu'un seul des centaines d'étudiants qui assistèrent à ces entrevues soit resté indifférent. Ils retrouvaient de vieux souvenirs et prenaient une nouvelle conscience de leurs propres peurs comme d'une chose à comprendre et non à juger. Ce fut pour tous une occasion de croître de bien des façons, et peut-être surtout dans notre appréciation de la vie même.

Un de mes étudiants les plus sensibles me confia certains de ses souvenirs : « Je me suis souvenu de G., un de mes meilleurs amis. J'avais vingt ans quand G. fut hospitalisé, pour un examen médical. Je tenais beaucoup à lui, surtout durant mon adolescence. Comme tous les adolescents sans doute, j'avais l'impression que mes parents ne me comprenaient pas. Mais G., lui, me comprenait toujours... Je l'avais rencontré à l'église, comme enfant de chœur. Et puis en grandissant, c'était devenu la seule personne à qui je pouvais parler vraiment. »

Cet étudiant me raconta plus tard qu'il étudiait la musique et qu'une maladie grave l'avait laissé en vie mais sans voix pour chanter, et que c'étaient les encouragements de G. qui lui avaient permis de ne pas abandonner. Il avait retrouvé sa voix, mais pour tomber dans une nouvelle tragédie : « G. fut hospitalisé l'automne suivant pour une biopsie. C'était un cancer. Le médecin lui annonça qu'il ne lui restait que six mois à vivre. J'allai le voir chez lui régulièrement au cours des mois suivants, et la vérité s'imposa graduellement. Il maigrissait et faiblissait, et dut finalement prendre le lit, squelette aux cheveux blancs. Je ne pouvais plus supporter cela, je partis. Je ne devais jamais le revoir vivant. Il mourut quelques semaines plus tard. Même dans la mort, il se souvint de moi. Il savait qu'en tant que membre junior du chœur, je n'aurais jamais l'occasion de chanter l'aria de Presentor, et demanda en dictant ses dernières volontés que ce soit moi qui la chante à ses funérailles. Ses funérailles furent un vrai festival. Des gens qu'il avait aidés à un moment ou à un autre étaient venus de tout l'hémisphère. Je ne croyais pas qu'un homme pouvait s'impliquer autant avec autant de monde. Et je crois ne m'être jamais pardonné ma défection des dernières semaines. »

L'étudiant qui ecrivit ces souvenirs il y a quelques années est aujourd'hui l'un des ministres les plus secourables que je connaisse auprès des grands malades et des gens dans le deuil. C'est à travers de telles pertes et avec l'aide de maîtres attentionnés qu'on apprend à affronter la mort plutôt qu'à l'éviter.

Une jeune travailleuse sociale nous décrivit comme suit ses raisons de fréquenter les séminaires sur la mort et le mourir. Elle travaillait depuis des années avec des vieillards et ne s'était jamais sentie à l'aise dans ce travail avant d'assister aux séminaires et d'entendre ce que nos patients avaient à dire : « Une des grandes raisons pour lesquelles plusieurs d'entre nous évitent de parler de la mort, c'est le sentiment affreux et insupportable de ne rien trouver à dire ou à faire pour réconforter le patient. Mon travail des dernières années avec des clients âgés et infirmes m'a créé un problème semblable. J'ai toujours senti que la vieillesse et la maladie étaient si destructrices que même en cherchant à les encourager, je ne leur communiquais que du désespoir. Le problème de la maladie et de la mort me semblait insoluble, il n'y avait donc rien à faire pour aider ces gens-là... Je crois que ce séminaire m'a aidée à voir que la vie n'avait pas à finir dans une telle détresse physique et mentale. En écoutant M. N. (un des patients interviewés) décrire la mort de son beau-père comme un événement presque beau, puis en voyant M. N. lui-même assumer si bien l'approche de sa propre mort, j'ai senti qu'il est vraiment possible de résoudre dans la dignité la crise de la mort. Quand vous travaillez avec un patient, il faut que vous tendiez tous deux vers un but et que vous croyiez que le mouvement vers la résolution et le réconfort est possible. Mon observation des entrevues me pousse à croire que c'est déjà un grand réconfort pour ces patients que d'avoir quelqu'un pour les écouter. Je crois que la travailleuse sociale peut aussi être d'un grand secours à la famille du patient mourant — pas seulement de la façon que proposent tant de textes et d'histoires de cas (tenue de maison, aide financière, etc.) mais en les aidant à améliorer leur relation avec le patient —. M. N. voulait parler de sa maladie avec sa femme, et elle avec lui. Mais chacun avait peur de faire souffrir l'autre, et ignorait combien l'autre en savait. Une fois rassurée par le personnel, Mme N. put en parler avec son mari, et ils se trouvèrent capables de partager et de se réconforter l'un l'autre, au lieu de souffrir chacun pour soi. « Ce séminaire m'en a vraiment fait prendre conscience : on n'a pas besoin de souffrir tout seul quand on meurt. On peut aider les mourants à partager leurs sentiments et à trouver ainsi un peu de soulagement et de paix. »

Plusieurs de nos patients passaient d'un stade de choc et d'incrédulité à une question, toujours la même : « Pourquoi moi ? » Plusieurs de nos jeunes mourants essayaient de trouver un sens à leur souffrance. Victor Frankl a écrit : « Voyons maintenant ce que nous pouvons faire quand un patient nous demande quel est le sens de sa vie. Je doute qu'un médecin puisse répondre à cette question en termes généraux. Car le sens de la vie change d'un homme à l'autre, d'un jour à l'autre, d'une heure à l'autre. Ce qui compte donc, ce n'est pas le sens de la vie en général, mais plutôt le sens spécifique de la vie d'une personne à un moment donné. »

Il clarifie plus loin un point dont nous devrions tous prendre conscience plus souvent : « Comme chaque situation de la vie présente à l'homme un défi et un problème à régler, on pourrait renverser la question du sens de la vie. En fin de compte, l'homme ne devrait pas poser la question du sens de sa vie, mais plutôt comprendre que c'est à lui qu'elle se pose. En un mot, la vie questionne chaque homme; et il ne peut répondre à la vie qu'en répondant de sa vie; on ne répond à la vie qu'en étant responsable. »

Quand on a vu des centaines de patients terminaux faire de la crise de leur maladie un moyen de croissance et devenir responsables de leur propre vie, on se demande si Frankl lui-même eût jamais atteint un tel niveau de sagesse et de compréhension, de compassion et de richesse s'il n'avait fait l'expérience d'affronter mille fois la mort dans les camps de la mort de la deuxième guerre mondiale !

Un jeune ministre devait assumer un poste de conseiller clinique. Incertain de ses émotions, il s'inscrivit pour se préparer au séminaire sur la mort et le mourir. Il résume ses impressions :

Ce poste sera pour moi l'occasion d'une expérience tout à fait nouvelle, et je m'y prépare avec un mélange d'excitation, de curiosité et de crainte. Je m'engagerai dans l'expérience avec cinq «règles»; je sais que je les changerai à mesure que je verrai ce qu'elles me feront :

Règle 1 : Ne pas voir le patient comme un «cas», mais entrer dans une relation de personne à personne avec lui. Cette attitude exige des disciplines nouvelles pour moi. Il faut d'abord que j'essaie d'être moi-même. Si le patient mourant me repousse, pour quelque raison que ce soit, il faut que je fasse face à cette répulsion. Il faut aussi que je laisse l'autre être lui-même, sans projeter mes propres sentiments de répulsion ou d'hostilité. Puisqu'en réalité c'est un être humain, je soupçonne qu'il doit avoir les mêmes besoins d'amour et d'attention que moi.

Règle 2 : Honorer la sainteté de l'être humain. Il a, tout comme moi, des valeurs, des peurs et des joies «secrètes». Il a tout comme moi gagné péniblement son Dieu, son Christ et son Système de valeurs en toute une vie de curiosité, de combat et d'espoir. J'ai foi qu'en nous parlant l'un à l'autre de nous-mêmes, nous trouverons quelque chose en commun. Cette communauté de nature est l'«ingrédient miracle» qui permet aux gens de partager leur vie. Et c'est en partageant que nous prenons conscience de notre humanité.

Règle 3 : «Honorer la sainteté de l'individu» force le conseiller à laisser le patient lui dire comment il se sent. Dans cette situation, il faut laisser le patient être lui-même. Cette règle simple ne signifie pas qu'il faille satisfaire toutes les exigences du patient, ni se troubler chaque fois que le patient cherche à troubler le conseiller. Un conseiller honnête doit faire face à ses préventions et les assumer comme une partie de sa personnalité plutôt que de s'en excuser et de chercher à les cacher. On a tort de croire qu'on «sait ce qui est bon pour le patient». C'est le patient qui le sait.

Règle 4 : Je dois sans cesse me demander quelle sorte de promesse je suis en train de faire au patient et à moi-même. Si je peux prendre conscience que j'essaie de lui sauver la vie, ou de le rendre heureux dans une situation insupportable, alors je crois qu'étant un humain normal, je devrais pouvoir m'arrêter. Si je peux apprendre à comprendre mes propres sentiments de frustration, de rage et de déception, je crois que je trouverai moyen de traiter ces sentiments de façon constructive. C'est dans cette prise de conscience que l'homme accède à la sagesse.

Règle 5 : La prière des Alcooliques anonymes exprime ma cinquième et dernière règle, qui résume les quatre autres:

> Seigneur, donne-moi la sérénité d'accepter ce que
> je ne peux pas changer,
> le courage de changer ce que je peux,
> et la sagesse de voir la différence.

On ne saurait guère résumer mieux qu'en cette prière nos espoirs durant les premières années du séminaire sur la mort et le mourir, années difficiles et solitaires. Il nous venait des étudiants de plusieurs disciplines, médecine, nursing, service social, sociologie, philosophie, théologie et psychologie. Chacun d'eux avait sûrement une raison différente de venir. Les uns se sentaient vraiment mal à l'aise dans leur travail avec des patients mourants et cherchaient des moyens de comprendre leurs frustrations et leurs angoisses. D'autres venaient par curiosité, sachant qu'il n'y avait ni test ni examen. D'autres venaient «sans savoir pourquoi», mais avec dans leur passé l'évidence d'une rencontre avec la mort, d'un deuil non résolu. Il n'y eut jamais de problème avec les étudiants. Ils emplissaient la salle longtemps avant le début du cours, et continuaient souvent à discuter longtemps après mon départ.

Il n'y avait pas de problème avec les patients non plus. Ils étaient souvent très reconnaissants de pouvoir se rendre utiles, de sentir que pour une fois quelqu'un avait besoin d'eux, plutôt que le contraire. Au début de la conversation, ils oubliaient rapidement leur gêne initiale et partageaient bientôt avec nous la solitude fantastique qu'ils ressentaient. Des étrangers que nous n'avions jamais rencontrés nous livraient leur peine, leur isolement, l'impossibilité où ils étaient de parler de leur maladie et de leur mort avec leurs proches. Ils exprimaient leur colère envers le médecin qui ne se mettait pas à leur niveau, envers le ministre qui essayait de les consoler avec la phrase usée «C'est la volonté de Dieu», envers les parents et amis en visite qui leur lançaient l'inévitable «Souris, tout ira mieux». Nous avons appris à nous identifier à eux, nous sommes devenus beaucoup plus sensibles qu'auparavant à leurs besoins et à leurs peurs. Ils nous en ont beaucoup appris sur la vie et la mort, et ont toujours apprécié que nous leur demandions de nous servir de professeurs.

C'est avec les médecins que nous avions des problèmes. Au début, ils faisaient mine de nous ignorer; plus tard, ils nous refusèrent la permission d'interviewer leurs patients. Quand nous les approchions, ils devenaient souvent craintifs ou hostiles. Bien des collègues s'indignaient : « Vous ne pouvez pas interviewer cette patiente. Elle ne se meurt pas. Elle retournera peut-être même à la maison en core une fois. » Il était évident qu'ils ne comprenaient rien à ce séminaire. Nous ne souhaitions évidemment pas parler aux patients durant les derniers jours de leur vie. Comment aurions-nous pu espérer réunifier les familles au tout dernier moment? Comment aurions-nous pu soulager la solitude et la peur de nos patients si on ne nous permettait pas de les voir avant qu'ils soient vraiment sur leur lit de mort? Comment aurions-nous pu enseigner à nos étudiants ce que traversent les patients si nous ne les avions vus que les derniers jours? Nous ne pouvions pas faire comprendre à nos collègues que nous sommes tous *mourants* — que nous avons tous à affronter notre finitude longtemps avant notre maladie terminale. C'est peut-être la plus grande leçon que nous aient apprise nos patients : VIVEZ, pour n'avoir jamais à dire : « Mon Dieu, comme j'ai gaspillé ma vie. »

Mme M. avait 71 ans. Elle répétait souvent : « Si seulement je pouvais recommencer ma vie en sachant ce que je sais maintenant, je m'y prendrais tout autrement! » Ses commentaires faisaient comprendre qu'elle croyait avoir presque complètement gaspillé sa vie. Plusieurs échecs matrimoniaux, plusieurs changements d'emploi et de domicile avaient rempli sa vie d'angoisse. Maintenant, à l'hôpital, elle revoyait sa vie et se voyait sans racines, sans amis ni relations significatives et la conscience qu'elle avait de n'avoir que peu de temps à vivre augmentait ses peurs. C'est dans ce vide douloureux qu'arriva l'invitation à notre séminaire. Quelqu'un avait besoin d'elle. Nous lui demandâmes de nous enseigner ce qu'elle changerait si elle avait une deuxième chance. Notre relation s'approfondissant, elle commença à avoir confiance en nous. Nous devenions des amis. Nous avions hâte à chaque visite et la quittions toujours enrichis et conscients qu'il faut vivre chaque jour et ne rien remettre à plus tard si on ne veut pas mourir seul. Quelle chance que son médecin nous ait fait confiance et nous ait permis de lui rendre visite avant les tout derniers jours!

Le vrai changement se produisit quand notre séminaire devint «célèbre». Je dirigeais mon séminaire sur la mort et le mourir plutôt discrètement depuis des années : quoique très fréquenté, il n'était inscrit à aucun programme. On en fit un cours reconnu et le service de relations publiques de l'université le fit connaître : c'est alors que des revues comme TIME et LIFE s'y intéressèrent et vinrent visiter mon cours. Je ne me doutais guère que l'article de LIFE changerait des milliers de vies, dont la mienne.

C'est par un jour d'automne froid et pluvieux que j'interviewai Susan, une jolie fille de vingt et un ans, hospitalisée chez nous pour une leucémie aiguë. Elle me parla ouvertement de son désir de n'avoir pas de funérailles et de donner son corps à une école de médecine. Elle me parla de son fiancé, qui semblait l'avoir abandonnée après la confirmation du diagnostic (elle ne voulait pas s'en rendre compte); elle se dit bien consciente du fait que ses jours étaient comptés.

Sa franchise et son absence de peur m'impressionnèrent vivement et je lui demandai de venir à mon séminaire pour que mes étudiants puissent l'écouter et apprendre d'elle. En arrivant dans la salle de cours, elle ouvrit la conversation en déclarant : «Je sais bien que je n'ai qu'une chance sur un million, mais aujourd'hui je ne veux parler que de cette chance-là.» Inutile de dire que le séminaire de ce jour-là porta sur «La vie et le vivre». Nous lui demandâmes simplement ce qu'elle ferait si la vie lui était rendue. Elle nous confia ses espoirs : elle recevrait son diplôme en juin et se marierait en juillet, puis elle attendrait cinq ans avant d'avoir des enfants, pour être certaine qu'elle vivrait pour les élever. En l'écoutant, je me souvenais de temps à autre des gens de la revue TIME qui observaient derrière la glace sans tain leur seul et unique séminaire sur la mort et le mourir. Mais je n'avais pas le temps de m'inquiéter pour eux. J'étais trop prise par Susan, qui semblait avoir à la fois la force de faire face à sa fin prochaine et celle de vivre une « dénégation temporaire » pour rêver à tout ce qui aurait donné un sens à sa vie. Il va de soi que nous ne fîmes que partager ses rêves.

L'extraordinaire publicité que nous fit LIFE devait changer ma vie. Ma première réaction fut de me faire du souci pour Susan. Je ne savais pas du tout comment elle réagirait à voir dans une revue internationalement connue des pages et des pages d'images d'elle, un vrai témoignage de son courage et de sa beauté intérieure. Les premières copies du LIFE me furent livrées durant la nuit. Il fallait que je la retrouve avant que la revue n'arrive au kiosque à journaux de l'hôpital ! Je partis pour l'hôpital au petit matin, impatiente de voir sa réaction. Elle jeta un coup d'œil à sa photo et laissa échapper : « Mon Dieu, ce n'est pas une très bonne photo de moi ! » Comme elle restait saine et normale dans toute cette agitation ! Sa notoriété soudaine ne l'impressionnait guère. Elle avait simplement hâte de rentrer à la maison « une dernière fois », comme elle le disait, « pour apprécier à fond chaque moment ». Il lui fut possible de quitter l'hôpital ; elle reçut le petit chiot qu'elle voulait, et elle vécut à fond chaque minute. Je crois que Susan vécut plus dans les derniers mois de sa vie que la femme de 71 ans en sept décades. Mais Susan avait fait quelque chose d'autre, presque sans s'en rendre compte : par la publication dans LIFE de ses confidences, elle avait influencé des milliers de vies dans le monde entier. Ma maison fut inondée de lettres venues de tous les coins du monde, des lettres de foi, d'amour, de sollicitude, d'espoir et d'encouragement. Une lettre d'un condamné à mort, un bout de papier griffonné par un vieillard qui n'avait pas écrit de lettre depuis des années, des centaines de lettres de mourants, des enfants, des adolescents et des adultes que son courage avait encouragés et qui l'aimaient sans l'avoir rencontrée.

Après la mort de Susan, le 1er janvier 1970, on aurait dit que le monde avait changé. Je ne sais trop si ce fut sa mort impersonnelle et solitaire à l'unité de soins intensifs ou l'angoisse solitaire de ses parents dans la salle d'attente qui nous bouleversa tant. Je résolus alors de parler de la mort et du mourir jusqu'à ce que changent certaines des attitudes de cette société qui nie la mort.

Après sa mort, les attitudes négatives et parfois hostiles des médecins ne m'insultèrent plus. Je me mis à voir les choses de leur point de vue autant que du nôtre. Je me rendis compte que nos écoles de médecine leur enseignent bien la science de la médecine, mais les laissent ignorants de son art. Je consacrai de grands efforts aux étudiants en médecine, qui étaient tout prêts à apprendre, à se préparer à leur rôle auprès du patient que la médecine ne peut plus aider. Après chaque entrevue, nous ramenions le patient à sa chambre, mais continuions à discuter entre nous de ce que nous avions appris. Tout à coup, les médecins et membres du clergé partageaient leurs anxiétés; pour la première fois, des infirmières se sentaient assez à l'aise pour dire combien elles étaient frustrées de ne pas avoir la liberté de dire au patient ce qu'elles savaient. Des travailleurs sociaux, des thérapeutes occupationnels discutaient de leurs peurs et de leurs tribulations; nous avions enfin réussi à changer le dialogue interdisciplinaire dont personnel et patients avaient besoin.

Le courrier continuait d'affluer, j'étais invitée à parler dans des hôpitaux, des séminaires, des écoles de nursing et d'autres institutions dans tout le pays. Puis ce furent les *colleges* et les *high schools*, et bientôt le marché sembla inondé de livres et d'articles sur les besoins des mourants. On produisit des films et des rubans magnétoscopiques, et presque tous les séminaires théologiques du pays ajoutèrent à leur curriculum une préparation au ministère auprès des mourants.

Dix années ont passé depuis mon premier cours sur la mort et le mourir. L'an dernier, j'ai parcouru 200 000 milles dans tous les États-Unis, le Canada et l'Europe. Les invitations arrivaient d'aussi loin que la Corée (mes besoins personnels et ceux de mes enfants et de ma famille m'empêchèrent d'accepter cette dernière invitation). Je ne pourrais compter les lettres que j'ai reçues de mourants, de gens frappés par le deuil et de membres de professions d'aide, des lettres très personnelles où s'expriment l'amour et la peur, l'espoir et le désespoir, la gratitude, et la conscience face à la mort.

Je cesserai de voyager à la fin de l'année. J'ai fait ce que j'étais destinée à faire : j'ai servi de catalyseur, essayant de nous faire prendre conscience que ce n'est qu'en n'oubliant jamais que nous sommes finis que nous pouvons vivre vraiment la vie, en jouir et l'apprécier. Inutile d'ajouter que c'est de mes patients mourants que j'ai appris cette leçon. Dans leur souffrance et leur mort, ils comprenaient que nous n'avons que MAINTENANT. « Alors vivez à fond et trouvez ce qui vous allume, car personne ne le fera pour vous ! »

Je ne sais pas ce que me réserve le futur, mais je suis certaine d'une chose : travailler avec les mourants n'est ni morbide ni déprimant ; ce peut même être une des expériences les plus gratifiantes qui soient, et j'ai aujourd'hui le sentiment d'avoir vécu plus pleinement ces dernières années que certains en toute une vie

ELISABETH KÜBLER-ROSS

Introduction

La mort a toujours été là, elle y restera toujours. Elle fait partie intégrante de l'existence humaine. C'est pourquoi elle a toujours été pour chacun de nous un profond sujet d'inquiétude. Depuis l'aurore de l'humanité, l'esprit humain scrute la mort, cherchant la réponse à ses mystères. Car la clef de la question de la mort ouvre la porte de la vie.

Victimes malheureuses de la guerre et de la peste, les êtres humains mouraient autrefois en nombres si grands que la plupart d'entre nous ne peuvent les saisir. Survivre était déjà un destin heureux, et la mort était un ennemi craint et redouté qui frappait sans distinction le riche et le pauvre, le bon et le méchant. Les penseurs du passé, gens pieux ou éclairés, ont écrit des livres sur la mort, essayant par l'étude de la dépouiller de son étrangeté et de sa terreur, essayant de trouver son sens dans la vie des humains. En clarifiant le sens de la mort, ils contribuèrent aussi à la compréhension du sens de la vie.

Aujourd'hui que l'humanité est plus que jamais entourée de mort et de destruction, il devient essentiel d'étudier les problèmes de la mort et d'essayer d'en comprendre le sens véritable.

À ceux qui cherchent à la comprendre, la mort apparaît comme une grande force créatrice. Les plus hautes valeurs spirituelles de la vie peuvent naître de la pensée et de l'étude de la mort.

L'étude des religions révèle que la pensée de la mort est au cœur de tous les crédos, mythes et mystères. Les chapitres sur « Le point de vue juif sur la mort » et « La mort qui met fin à la mort dans le bouddhisme et l'hindouisme » montrent comment l'image que chacun se fait de la mort modifie sa vie. Les questions les plus persistantes que les humains explorent par les mythes et religions sont celles de la renaissance, de la résurrection et de la vie éternelle : y a-t-il une autre vie après celle-ci ? Si oui, quelle relation y a-t-il entre l'autre vie et la façon dont on vit celle-ci ? Il ne s'agit pas simplement de bien et de mal, de ciel et d'enfer, comme le montre le chapitre sur le bouddhisme et l'hindouisme. Il s'agit de croissance et du niveau d'illumination qu'on atteint en cette vie.

Depuis les Védas (les textes sacrés de la première phase de la religion indienne, il y a 3 000 ans) jusqu'aux œuvres des penseurs contemporains, tous les philosophes ont visé à élucider le sens de la mort, pour aider les humains à vaincre leur peur. Socrate, Platon et Montaigne ont enseigné que philosopher n'est rien d'autre que d'étudier le problème de la mort. Et Schopenhauer appelait la mort « le vrai génie inspirateur de la philosophie ».

Thomas Mann a dit un jour : « Sans la mort, il n'y aurait pas eu de poètes sur la terre. » Quiconque étudie la poésie à travers les siècles le vérifiera. La première épopée, celle du Babylonien Gilgamesh, et le premier poème lyrique connu, un poète de Sappho, parlaient surtout de la mort. Et depuis ce temps-là, aucun grand poète n'a manqué de consacrer à la mort certains de ses plus beaux vers. C'est en parlant de la mort que chacun d'eux atteint aux plus profonds secrets de la vie.

« Il n'y a en moi nulle pensée que la mort n'ait sculptée de son ciseau », disait Michel-Ange. Des débuts de l'art chez les Égyptiens, les Étrusques et les Grecs au surréalisme moderne, la mort a joué un rôle important.

La mort a été la grande inspiratrice de la musique comme de la philosophie, de la littérature et de l'art. Les premières chansons furent des hymnes funèbres et la grande musique de Bach, Glück, Mozart, Beethoven, Schubert, Liszt, Verdi, Mahler, Moussorgsky et des compositeurs modernes a souvent la mort comme motif dominant.

Mais la mort n'inspire pas seulement l'imagination artistique. Elle a aussi fortement influencé l'attitude éthique des humains. La mort a été l'instructeur des grands personnages de l'histoire que nous vénérons comme héros, saints ou martyrs de la science.

J'espère transmettre à mes lecteurs un message important : que la mort n'a pas à être une chose catastrophique et destructrice ; qu'on peut même la voir comme un des éléments les plus constructeurs et positifs de la culture et de la vie.

Ce livre tente de familiariser le lecteur avec d'autres aspects de la mort et du mourir, avec les points de vue d'autres peuples, d'autres cultures, d'autres religions et philosophies. J'espère qu'une idée traverse toutes ces pages : que les gens sont fondamentalement semblables, qu'ils partagent tous les mêmes peurs et le même deuil quand la mort frappe. Nous sommes de petits êtres finis qui pourrions nous aider les uns les autres si nous osions nous impliquer, si nous restions compatissants, et enfin si nous cessions de juger et essayions de comprendre POURQUOI les gens se comportent comme ils le font durant les crises. Il faut pour cela bien comprendre non seulement le comportement humain en général, mais encore le contexte culturel et religieux de l'individu.

Les prochaines décades nous verront peut-être nous unir tous en un univers, une humanité et une religion uniques, dans un monde de paix. C'est à chacun de nous de préparer le terrain pour cette prochaine génération en essayant MAINTENANT de comprendre et d'aider nos frères humains, peu importe leur crédo, leur couleur ou leur philosophie. En comprenant qu'en fin de compte, nous avons tous le même destin — nous mourrons aussi sûrement que nous sommes nés —, nous comprendrons peut-être aussi que nous devons nous unir dans cette vie, conscients de nos différences et les appréciant, et pourtant acceptant qu'en notre humanité, nous sommes tous semblables.

Pourquoi est-il si difficile de mourir ?

La mort fait partie intégrante de la vie, elle est aussi naturelle et prévisible que la naissance. Mais si la naissance est une occasion de réjouissances, la mort est devenue dans notre société moderne un sujet terrifiant et ignoble qu'il faut éviter par tous les moyens possibles. C'est peut-être que la mort nous rappelle que la vulnérabilité humaine demeure, malgré nos progrès technologiques. Nous pouvons peut-être la retarder, mais pas lui échapper. Nous sommes destinés à mourir à la fin de notre vie, au même titre que les autres animaux non rationnels. Et la mort frappe indistinctement, elle ne s'occupe pas du tout du statut de celui qu'elle choisit ; tout le monde doit mourir, riche ou pauvre, célèbre ou inconnu. Même les bonnes œuvres n'évitent pas à leurs auteurs la sentence de mort, les bons meurent autant que les méchants. C'est peut-être son caractère inévitable et imprévisible qui rend la mort si effrayante pour plusieurs. Ceux qui tiennent beaucoup à rester au contrôle de leur existence, surtout, se trouvent offensés de rester sujets aux forces de la mort.

Mais d'autres sociétés ont appris à s'arranger mieux que nous de la réalité de la mort. Il est peu probable qu'aucun groupe ait jamais trouvé bienvenue l'intrusion de la mort dans la vie, mais il y en a qui ont réussi à intégrer la perspective de la mort dans leur vision de la vie. Pourquoi cela nous est-il si difficile ? La question nous donne la réponse : il est difficile d'accepter la mort dans cette société *parce qu'*elle n'y est pas familière. Quoique, en fait, elle se produise tout le temps, nous ne la voyons jamais. Quand une personne meurt à l'hôpital, on l'emporte bien vite ; on fait disparaître comme par magie le corps qui pourrait déranger. Mais on verra en lisant les textes qui suivent que c'est une partie importante de la démarche d'assumer la mort — celle d'une personne qui meurt et la vôtre — que de participer au processus du mourir, à la mort, à l'enterrement, y compris voir et peut-être interagir avec le corps.

Nous éloignons les enfants de la mort sans y penser, croyant les protéger. Mais il est clair que nous ne leur rendons pas service en les privant de cette expérience. En faisant de la mort et de l'acte de mourir un sujet tabou et en éloignant les enfants des mourants et des morts, nous créons une peur qui n'était pas nécessaire. Quand quelqu'un meurt, nous « aidons » ses proches en nous occupant d'eux, en restant souriants, en arrangeant le corps pour qu'il ait l'air « naturel ». Encore une fois, notre « aide » n'aide pas, elle est destructrice. Quand quelqu'un meurt, il est important que ses proches participent au processus ; cela les aidera dans leur deuil, et les aidera aussi à faire face plus facilement à leur propre mort.

Mourir est difficile et le restera toujours, même quand nous aurons appris à accepter la mort comme partie intégrante de la vie, parce que mourir, c'est abandonner la vie terrestre. Mais si nous pouvons apprendre à voir la mort dans une nouvelle perspective, à la réintroduire dans nos vies pour qu'elle y devienne un compagnon attendu et non plus un étranger redouté, nous apprendrons du même coup à donner sens à nos vies, appréciant pleinement notre finitude et les limites du temps que nous avons à passer ici. J'espère que ce livre vous aidera à mieux comprendre la mort et le mourir, et qu'il vous rendra un peu moins difficile de mourir et un peu plus facile de vivre.

Dans notre société, la plupart meurent à l'hôpital. C'est déjà une des grandes raisons qui nous rendent la mort si difficile. Le premier texte de ce chapitre étudie l'hôpital d'un point de vue sociologique, comme une institution dépersonnalisante qui, par définition, n'est pas faite pour les besoins humains de gens dont la condition physiologique ne permet plus d'intervention médicale réussie ; ces patients représentent pour l'institution un échec dans son rôle de soutien de la vie, et rien dans le système ne prévoit le soutien de l'âme quand le corps n'est plus réparable. L'autre texte est le poème émouvant d'une jeune étudiante infirmière mourante. Ayant vécu à l'hôpital comme professionnelle, puis comme patiente, elle supplie ceux qui s'occupent des malades et des mourants de mettre de côté leur rôle professionnel et d'être simplement humains envers ceux qui ont besoin d'eux.

Le contexte organisationnel de la mort*

Hans O. Mauksch, Ph. D.

Dans notre société technologique moderne, on meurt à l'hôpital. Mais les hôpitaux sont des institutions efficaces et impersonnelles où il est bien difficile de vivre avec dignité et dont la routine ne laisse pas le temps de s'occuper des besoins humains des malades. Dans le texte qui suit, le Dr Mauksch explique pourquoi les hôpitaux, par définition, ne réagissent que rarement aux besoins spéciaux des mourants. L'hôpital est une institution consacrée à la guérison et les patients mourants sont une menace pour cette institution. Les professionnels des hôpitaux ont à remplir des tâches et des routines précises, qui ne conviennent vraiment pas aux mourants. Les professionnels s'en trouvent menacés dans leur rôle, frappés d'un sentiment d'insuffisance incompatible avec leur définition de gens capables de s'occuper efficacement de la maladie. Les exigences de leur rôle professionnel ne prévoient pas qu'ils se comportent comme des êtres humains face à leurs patients mourants. Le Dr Mauksch étudie l'histoire et les raisons des contraintes qu'impose l'organisation hospitalière, et suggère qu'on pourrait les éliminer. Cette perspective sur les attitudes de l'hôpital (à l'égard de tout le monde, mourant ou pas) me semble très valable.

De nos jours, la plupart des morts ont lieu à l'hôpital, l'institution créée par la société pour intégrer les services de santé. En fait, historiquement, il faut rappeler que l'hôpital fut d'abord, dans une première période, une institution

---

* *Le contexte organisationnel de la mort*, par Hans O. Mauksch, Ph D. Cet article, écrit spécialement pour le présent volume, est publié avec la permission de l'auteur.

consacrée aux indigents et aux mourants. Mais à mesure que la science et la technologie de la médecine et des autres professions de la santé se développaient au rythme dramatique qui caractérise le champ de la santé au vingtième siècle, c'est toutes l'atmosphère, l'aura, la culture et l'organisation sociale de l'hôpital qui changeaient : l'institution consacrée à la charité et aux mourants devenait une institution fondamentalement orientée vers les soins, la guérison et le processus du retour à la santé.

Une société différenciée, moderne et très complexe comme la nôtre tend à doter les institutions et ceux qui occupent des rôles sociaux de mandats qui définissent leur but, leur fonction et leurs valeurs. Les rôles actuels des professions de la santé résultent de leurs propres succès et des attentes accrues du public. L'importance et les succès actuels de la technologie dans la guérison font que le patient dont la maladie est incurable, l'être humain qui va mourir, apparaît inexorablement aux professionnels de la santé comme un échec, leur échec et celui de l'institution, facé au mandat reçu. Il faut voir le contexte organisationnel de la mort à l'hôpital comme la réponse de l'institution à un événement qu'elle voit comme un échec, quoiqu'il reste aussi un rappel des limites du savoir et des possibilités de la médecine.

Le second aspect du contexte organisationnel de la mort est plus subtil; il vient de la différence entre les besoins du patient mourant et ceux du patient dont la maladie sera bientôt guérie. En tant que spécialiste des sciences sociales dans un milieu médical, je cherche à rappeler aux médecins et aux autres professionnels de la santé que l'être humain qui se trouve malade fait vraiment partie du processus de la maladie et que ses interactions sont d'une importance cruciale pour le soin, la guérison et la vie future du patient. Dans le cas des mourants, la culture actuelle de l'hôpital, qui met l'accent sur le processus de la maladie et l'organe malade, s'oppose à ses besoins. Mourir est une expérience totale, et au moment de la mort l'organe malade cesse d'être le premier problème.

Le climat de la mort a un troisième aspect. Dans son livre *Passing On : The Social Organization of Dying*, David Sudnow suggère que le comportement et les attitudes des médecins et des infirmières révèlent leur sentiment de malaise et de culpabilité face aux êtres humains confiés à leurs soins et qui vont mourir malgré tous leurs efforts[1]. Ceux d'entre nous qui sont consacrés à la guérison, au rétablissement, à la cure ne peuvent éviter dans le contexte de la culture hospitalière un sentiment d'échec face à la mort d'un de leurs patients. Ce sentiment de culpabilité et d'échec peut se comprendre de différentes façons. Il pousse à rechercher si tout a été fait, si on aurait pu recourir à d'autres moyens, si on a bien utilisé toutes les ressources diagnostiques et thérapeutiques.

Il est une seconde façon d'aborder cette question. La croyance dans la croissance et l'expansion continues du savoir médical est un mélange de mythe et de vérité. Plusieurs des médecins que j'ai interrogés se posaient face à la mort d'un patient la même question : « Y a-t-il quelque part quelqu'un d'autre qui détient le savoir nouveau qui aurait tout changé ? » La façon dont chaque médecin se sent responsable de l'ensemble du savoir médical actuel semble varier d'un médecin à l'autre et d'un hôpital à l'autre, mais c'est une cause probable importante du malaise du médecin et de blocages possibles dans la relation du médecin et du patient.

Il y a une troisième possibilité obsédante : que moi, médecin ou infirmière, je puisse m'être trompé, avoir commis une erreur qui ait contribué à la mort du patient. Une attente effrayante se cache dans la culture hospitalière : contrairement aux autres humains qui ont le droit de se tromper, les médecins et infirmières ne peuvent pas se permettre d'erreur. En fait, la crainte des erreurs possibles n'a que peu de fondement. Plusieurs études ont montré que les erreurs sont relativement rares, quoique celles qui se produisent tendent à être dramatiques. Les erreurs réelles allument des rumeurs dans l'hôpital et provoquent souvent l'intérêt de la presse nationale. J'ai fait une étude de 240 « rapports d'incidents » survenus en trois mois dans un hôpital de 800 lits et j'ai trouvé que seuls deux de ces « incidents » impliquaient des situations où l'erreur commise

[1] David Sudnow, *Passing On : The Social Organization of Dying* (Englewood Cliffs, N.J. : Prentice-Hall, Inc., 1967).

avait physiquement affecté et vraiment mis en danger le patient.

Pour comprendre la situation du patient mourant dans l'ensemble du système hospitalier, il faut bien voir que l'hôpital doit intégrer dans une routine, qui prête parfois à des incompréhensions et parfois à des abus, les urgences et les besoins divers de ses clients. En même temps, l'hôpital est un lieu où cohabitent plusieurs professions qui tendent à rester isolées et communiquent mal entre elles, alors qu'elles devraient idéalement communiquer et rester complémentaires. Un mourant au milieu de tout cela, c'est une série d'événements humains où les besoins du client ne sont plus traduisibles en routines ni en rituels. C'est en ce sens fondamental que le patient mourant menace l'hôpital et son personnel. Les routines ordinaires, les activités prévues perdent leur sens et leur efficacité quand on les applique au patient mourant et, surtout, elles cessent d'être satisfaisantes pour ceux qui les appliquent comme pour les patients qui les subissent.

Il est intéressant de noter que d'une certaine façon, la culture hospitalière fait de la mort un de ses tabous. À l'hôpital, les patients ne meurent pas, ils « expirent ». Un patient ne meurt pas dans la salle d'opération, il « reste sur la table ». Le langage de l'hôpital suggère que la dénégation, premier des stades décrits par le Dr Elisabeth Kübler-Ross,*

---

* On se réfère ici aux « stades du mourir » que le Dr Ross a décrits et formulés en détail dans son livre *On Death and Dying*. On pourrait les résumer comme suit :

1. *Dénégation* — « Non, pas moi. » C'est la réaction typique du patient qui apprend qu'il ou elle est atteint d'une maladie terminale. La dénégation est importante et nécessaire, dit le Dr Ross : elle aide à amortir l'impact de la prise de conscience de la mort inévitable.

2. *Rage et colère* — « Pourquoi moi ? » Le patient éprouve du ressentiment devant le fait que les autres resteront vivants et en santé alors qu'il ou elle doit mourir. Dieu est souvent la cible de cette colère, puisque c'est Lui qui semble imposer, arbitrairement, la sentence de mort. Le Dr Ross affirme que cette colère est non seulement permissible mais même inévitable, et à ceux qui s'en troublent, elle répond succinctement que « Dieu peut bien s'en arranger ».

3. *Marchandage* — « Oui, moi, mais ... » Les patients acceptent le fait de la mort mais essaient de gagner du temps, surtout en marchandant avec Dieu, « même s'ils n'avaient jamais parlé à Dieu avant ». Ils promettent d'être bons ou de faire telle ou telle chose en échange d'une semaine ou d'un mois ou d'une année de vie. Le Dr

est aussi la première attitude de l'institution et de son personnel, souvent la seule. L'hôpital et son personnel tendent à récompenser le patient qui reste dans la phase de dénégation, ce qui évite au personnel hospitalier d'avoir à s'impliquer et à faire face à ses propres sentiments, et aussi d'avoir à communiquer avec le patient et avec la famille du patient.

C'est cette attitude qu'exprimait une infirmière en chef que j'ai interviewée peu après qu'une patiente se fut suicidée sur son étage. Elle me dit avec beaucoup d'émotion : « Mme X était vraiment une bonne patiente, vous savez. Nous l'aimions tous beaucoup. » Elle se tut un moment, réfléchit, ses yeux se mouillèrent de larmes, puis elle se tourna vers moi et ajouta : « Pour vous dire comme elle collaborait... elle s'est même suicidée à trois heures exactement, pour que ni une équipe ni l'autre n'ait à en porter la responsabilité. »

Quand le Dr Ross parle des besoins du patient qui traverse le stade de la colère, il est important de reconnaître que l'hôpital comme institution n'est pas conçue pour absorber ni traiter cette colère. L'hôpital rend les patients dépendants des médecins et des infirmières, leur fait sentir qu'ils devraient être reconnaissants des soins qu'ils reçoivent de ces « gens merveilleux ». Ce sentiment est en fait

---

Ross remarque : « Peu importe ce qu'ils promettent, d'ailleurs, car ils ne tiennent pas ces promesses, de toute façon. »
4. *Dépression* — « Oui, moi. » La personne pleure d'abord les épreuves passées, les choses pas faites, les torts commis. Puis elle entre dans un état de « deuil » et se prépare à l'arrivée de la mort. Le patient devient calme et ne veut plus de visiteurs. « Quand un mourant ne veut plus vous voir, dit le Dr Ross, c'est le signe qu'il a réglé tout ce qu'il avait à régler avec vous ; c'est une bénédiction ; maintenant, il peut s'abandonner paisiblement. »
5. *Acceptation* — « Mon heure est arrivée, et tout est bien ». Le Dr Ross décrit ce stade comme « ni heureux, ni malheureux. Il est vide de sentiments, mais ce n'est pas une résignation ; en fait, c'est une victoire. »
Ces cinq stades sont un guide très utile pour comprendre les différentes phases que peut traverser un mourant. Il ne faut pas en faire des absolus : les patients ne passent pas tous par tous les stades, ni dans le même ordre, ni au même rythme. Mais ce paradigme, appliqué de façon flexible et intuitive, est un instrument utile à la compréhension du comportement du patient.

très général chez les patients, et les médecins et infirmières s'y attendent. Ainsi donc, le patient qui essaie d'exprimer sa colère ne fait pas simplement communiquer un besoin personnel ni appeler au secours, mais il viole la culture, les règles et les attentes de l'institution et menace ainsi le système. Ce n'est que lorsque les médecins et infirmières auront appris à regarder le comportement de leurs patients comme le symptôme signifiant de besoins humains précis lorsqu'ils croiront que la capacité de répondre à ces besoins fait partie de leur responsabilité professionnelle, ce n'est qu'alors que les médecins et les infirmières pourront affronter la colère du patient sans se sentir blessés personnellement ni attaqués institutionnellement.

On pourrait faire les mêmes commentaires au sujet du patient qui marchande. Ce sont les professionnels de l'hôpital qui décident de ce qui est bon pour le patient, de ce qu'il peut faire, de ce qu'il peut accomplir, et même qui savent à quel rythme sa maladie devrait progresser.

Le patient déprimé, qui traverse le quatrième stade du Dr Ross, provoque la culpabilité et le malaise. La société où nous vivons valorise fortement le contrôle des émotions et les comportements réservés. La société où nous vivons associe aussi le choix d'une profession à l'adoption d'un «comportement professionnel». Et de toute façon, notre société fait un tabou de montrer ses émotions, de partager ses sentiments et surtout de montrer quelque chose d'aussi personnel que les larmes, surtout pour les professionnels, spécialement les hommes. Le patient déprimé, le patient qui pleure, non seulement nous fait sentir coupables, mais encore nous fait craindre de ne pouvoir soutenir la relation sans perdre le masque que nous identifions à une attitude professionnelle. Au cours d'entrevues avec des médecins et des infirmières, la peur de pleurer, la peur de montrer de la compassion apparassent comme un blocage tragique qui en empêche plusieurs de manifester leur sympathie authentique; plusieurs sont frustrés du conflit qu'ils ressentent entre leur sympathie et le masque qu'ils croient devoir porter

L'arrangement de l'hôpital et l'état des relations entre les professions de la santé ont fait l'objet de nombreuses publications et de commentaires, critiques et analyses venus de toute part. Il y a au moins un problème important qui concerne directement le patient mourant : l'opportunité technique qui sous-tend la logique de la division du travail à l'hôpital devient inopérante face aux besoins du mourant. Je voudrais proposer le concept de domaine « transprofessionnel ». Certaines capacités et certains rôles sont par nature professionnels. Ils impliquent qu'on assume délibérément des relations et des responsabilités, qu'on fasse usage de capacités identifiables. Le domaine transprofessionnel, cependant, n'appartient à aucune profession ; il est ouvert, et l'intervention de tout fonctionnaire disponible y est opportune. La relation avec le patient mourant, le privilège d'aider l'être humain qui meurt et sa famille à atteindre le stade d'acceptation devraient être au nombre des capacités des professionnels qui prennent soin de personnes dans le besoin. Par contre, il n'est pas nécessaire que tous ceux qui travaillent avec des malades et des mourants développent pleinement ces capacités. Je suggère donc un type de travail d'équipe, un type d'usage des ressources humaines appropriées qui diffère de l'arrangement hospitalier courant. En réalité, il arrive parfois que le médecin qui s'occupe du cas ne soit pas la meilleure personne pour aider le patient à trouver la consolation et la paix. Il y a après tout bien des patients qui ont le sentiment de laisser tomber leur médecin en mourant, et bien des médecins, nous l'avons dit plus tôt, qui éprouvent du malaise face à la mort de leurs patients. Une utilisation des ressources humaines faisant appel à ceux qui conviennent au patient suppose des schèmes de comportement atypiques de l'hôpital.

Il faut dire un mot du clergé. Ce n'est que récemment que le clergé a retrouvé un sens, une place et un rôle à l'hôpital. Le clergé mérite une place signifiante non seulement au service du patient mourant, mais aussi au service de la famille du patient et, espérons-le, au service du médecin et des autres professionnels de la santé que pourrait troubler le fardeau placé sur leurs épaules.

Ce point peut sembler facétieux, mais il est utile de réfléchir au fait que le mandat du clergé comprend une valve de sûreté qui peut aider ses membres à remplir les fonctions d'aide aux mourants. Dans toutes les religions, les membres du clergé sont les porte-parole ou les représentants d'un pouvoir supérieur. Mais quand ils cherchent à offrir aide et soutien, c'est dans le contexte de leur imperfection personnelle et sans autorité complète. A la médecine, au contraire, notre société donne une aura d'autorité finale en ce qui concerne la santé, la maladie et la vie.

Qu'on ne voie pas dans ces remarques une critique du médecin, mais un commentaire sur la société qui a chargé les épaules du médecin d'un poids qu'il ne peut porter sans difficulté. Le conflit entre le mandat du médecin et la réalité a été aggravé par les progrès de la science qui l'ont attiré dans le laboratoire de biochimie ou de physiologie et entouré d'une aura de contrôle scientifique des processus biologiques. Ce faisant, l'imperfection et le manque de finalité qui caractérisent le processus humain ont disparu de sa culture et de ses études.

Sudnow distingue deux façons de voir la mort. Il y a les morts attendues, qui sont du nombre des événements anticipés dans une section donnée de l'hôpital, et les morts qu'on ne pouvait prédire, qui se produisent dans des situations hospitalières où la mort est rare et exceptionnelle. Ces morts « n'auraient pas dû se produire ». Le dialogue suivant, tiré du livre de Sudnow, montre la façon de traiter la mort qui s'est développée au sein du personnel d'une salle d'hôpital occupée par de nombreux patients gravement malades.

A: Bonjour, Sue. Tu dois avoir hâte de rentrer chez toi.
B: Tu peux le dire. Toute une journée.
A: Quoi de nouveau ?
B: Rien... Oh ! oui, il y a Mme Wilkins qui est morte ce matin, la pauvre... je venais d'arriver.
A: Je ne croyais pas qu'elle durerait si longtemps. Est-ce qu'on est complet ?
B: Presque. Le deux est vide, et le sept, je crois.
A: Mme Jones est-elle morte ?
B: Je pense que oui, un instant. (Elle regarde un registre.) Je suppose. (Elle se tourne vers une autre infirmière.) Mme Jones est-elle morte aujourd'hui ?
C: Elle était morte quand je suis arrivée ce matin, elle a dû mourir durant la nuit.
A: Pauvre elle. Je la connaissais à peine, mais c'était une vieille dame charmante.

A: Tu as l'air fatiguée.
B: Je le suis. Pas fâchée de te laisser tout ça.

A: J'espère que ce sera une nuit tranquille. Je ne suis pas trop enthousiaste.
B: Ils sont tous morts durant la journée, aujourd'hui, c'est notre chance. Tout devrait être tranquille pour toi.
A: C'est ce que j'ai vu. Le trois, le quatre et le cinq sont vides.
B: Peux-tu le croire? On a eu cinq morts en douze heures.
A: Charmant!
B: Bon, à demain soir. Amuse-toi bien[2].

Cette conversation peut s'interpréter de plusieurs façons. Elle montre comment le personnel a besoin d'organiser ses activités, de les intégrer en une routine. Elle montre comment les expériences différentielles des personnes qui sont mortes se résument à un rapport de routine. La citation ne révèle pas à quel point ces infirmières se sont soit impliquées comme agents d'aide, soit protégées en ne s'impliquant pas trop avec ces patients.

Une mort en obstétrique, où la mort n'est pas normale, est une expérience très différente. Je me souviens de la mort d'une patiente dont on s'attendait, jusqu'au moment de la crise, qu'elle ait un enfant normal et un accouchement normal. Une complication soudaine provoqua une mort très rapide. Les médecins, les infirmières et tout le personnel étaient terriblement troublés. La crainte tacite d'avoir commis une erreur était évidente. Deux des infirmières se mirent à pleurer, ce qui ne fit que troubler et fâcher davantage le médecin, car après tout on n'est pas censé pleurer dans un hôpital. Non seulement cette mort inattendue troubla-t-elle tout le monde et créa-t-elle une atmosphère d'échec et de culpabilité, mais elle tendit à servir d'événement générateur de conflit parmi les gens affectés au soin de cette patiente. Il était évident après cette mort que la communication avait diminué et que personne ne faisait plus confiance à personne. Cette crise avait détruit toute possibilité de communication.

Tout ceci conduit à une question importante. La description qu'a donnée le Dr Ross des besoins du patient et de son cheminement à travers divers stades présente un

---

[2] Sudnow, *Passing On*, pp. 36-7.

défi direct aux professions de la santé et aux méthodes d'éducation selon lesquelles nous introduisons les novices dans ces professions. Je crois sincèrement que nos ressources technologiques, la complexité de nos organisations et le pouvoir de nos capacités scientifiques de guérir ne sont pas incompatibles avec les aptitudes et comportements nécessaires pour aider le patient mourant. Je crois au contraire que la technologie des soins et de la guérison devrait nous permettre de libérer les professionnels pour qu'ils puissent donner une attention plus constante et délibérée à leur action comme instruments d'aide et de soutien.

Ces idées exigent des changements dans le climat et la structure actuels des programmes d'enseignement de la médecine et du nursing. Elles exigent des changements dans la culture de nos institutions d'enseignement. C'est un fait connu que le contenu du programme n'a pas autant d'influence que le climat de l'enseignement. En entraînant des gens à prendre soin d'autres êtres humains, nos méthodes d'éducation doivent faire sentir à ceux que nous éduquons que nous les respectons, s'ils doivent eux-mêmes respecter leurs clients. Il nous faut remplacer nos soins orientés par la procédure par des procédures orientées vers le patient. Il ne faut plus produire simplement des praticiens techniquement compétents, mais des professionnels qui soient capables d'assumer leurs propres sentiments et de s'en servir de façon délibérée et humainement raffinée.

Ce qui est le plus important au sujet du soin des mourants, c'est qu'il ne s'agit pas d'une aptitude qui s'applique seulement quand on a affaire à une personne durant ces stades terminaux. Les aptitudes, les relations et les comportements qu'impliquent ces besoins doivent être le fond de tout le réseau de relations avec les patients. Ce qui s'applique à tous les clients, qu'ils soient sérieusement malades ou en convalescence et prêts à retourner à leurs fonctions normales dans la société. Tout le réseau de relations avec les patients devrait faire l'objet de beaucoup plus de questions délibérées, d'améliorations et de perfectionnements que ne le permettent bien souvent les programmes d'enseignement de la médecine et la pratique quotidienne des soins au patient.

Nous avons fait une étude sur la façon dont le patient voit son rôle de patient ; nous y avons exploré comment les patients perçoivent cette relation et leur propre place dans l'hôpital[3]. Cette étude reposait sur des entrevues en profondeur avec environ quatre-vingt-dix patients, d'ordinaire plusieurs entrevues avec chaque patient.

Je me souviens des débuts de cette recherche, alors que nous cherchions à obtenir des médecins la permission d'interviewer certains de leurs patients gravement malades, en particulier des patients qui venaient de faire un infarctus du myocarde. Les médecins s'indignaient et nous demandaient comment nous pouvions oser déranger des malades aussi graves. Nous trouvâmes en fin de compte un médecin qui nous donna la permission d'essayer.

Nous entreprîmes ces entrevues avec quelque nervosité. Il nous fallut quelque temps pour comprendre qu'il n'y avait pas vraiment à craindre de catastrophe. Je me hâte d'ajouter que ces entrevues étaient menées de façon délicate, qu'elles restaient ouvertes, et que le patient n'y parlait que de ce dont il voulait bien. Dans plusieurs cas, les patients gravement malades nous montrèrent intérêt et gratitude, car l'occasion de parler à quelqu'un qui écoutait intensément et manifestait de l'intérêt semblait soulager leur propre tension.

Nous avions choisi de nous en tenir à l'étude de patients atteints de maladies gastro-intestinales et cardiovasculaires. Nous voulions entre autres voir si les patients percevraient différemment leur rôle selon le type de maladie dont ils étaient atteints.

Nos entrevues et l'analyse de nos données nous amenèrent à conclure que d'une certaine façon, le patient hospitalisé est placé à l'égard de l'institution dans une dépendance plus grande que le détenu en prison, l'étudiant à l'école ou le nouvel employé dans une industrie. Le sociologue bien connu Erving Goffman parle du « processus de mise à nu »[4] pour décrire l'incorporation d'une personne

---

[3] Daisy M. Tagliacozzo et Hans O. Mauksch, « The Patient's View of the Patient Role », in *Patients, Physicians, and Illness*, publié par E. Gastly Jaco (New York, Free Press, 1972).

[4] Erving Goffman, *Asylums : Essays on the Social Situation of Mental Patients and Other Inmates* (Garden City, N.Y. : Doubleday & Co, 1961).

dans ces institutions qui englobent l'individu tout entier et prévoient des procédures et des rites qui enlèvent à la personne son autonomie, son identité et tout statut propre. L'image s'applique au service militaire, au couvent, à l'hôpital psychiatrique; elle s'applique aussi, au moins jusqu'à un certain point, au patient de l'hôpital général.

Dans l'hôpital moderne, le patient est souvent placé dans une chambre privée ou semi-privée. La nature de l'hôpital, son architecture, sa conception et ses procédures tendent à empêcher la formation d'une communauté de patients ou la formation d'un système d'interaction entre patients. L'impossibilité de former avec ses pairs des groupes informels pour interpréter l'institution diminue le pouvoir du client. En se communiquant les règles et attentes informelles, les patients s'aident à s'adapter à l'expérience. Ces échanges informels permettent au patient de déterminer quels comportements les fonctionnaires de l'institution récompensent ou punissent.

Pour mettre en scène le processus de réduction de l'autonomie personnelle et de l'identité, supposons que j'ai visité mon médecin à son bureau il y a deux jours. Il a renouvelé une ordonnance déjà ancienne. Il a fait faire une série de tests en laboratoire, dont une analyse d'urine, l'examen d'un prélèvement sanguin et divers autres tests de diagnostic. J'ai appris hier que les résultats de certains de ces tests réclamaient mon admission à l'hôpital; son bureau avait fait les réservations pour moi, et je devais me présenter à l'hôpital à trois heures trente, le même jour. Voyons maintenant mes expériences.

On a beaucoup écrit sur le fait que pour celui qui arrive au comptoir d'admission d'un hôpital, l'attente est à l'ordre du jour. Cette attente est déjà une expression du pouvoir de l'institution qui vous fait attendre. Les formules à remplir, toutes nécessaires qu'elles soient, peuvent souligner ce climat de reddition personnelle. Bien sûr, le temps n'a pas la même signification dans toutes les cultures. La durée de la période d'attente peut signifier toute autre chose en Amérique latine que dans les pays anglo-saxons. Le temps n'a pas la même signification dans toutes les régions des États-Unis, et sa signification varie selon que la région est urbaine ou rurale. Quoi qu'il en soit, il vient un moment où cette expérience d'attente vous communique quelque chose. La profession médicale, l'hôpital et les autres professions de la santé ont réussi à transmettre au public l'idée que l'attente à l'hôpital et au bureau du médecin est presque une norme à prévoir, qu'elle est le prix que nous devons payer pour le privilège d'obtenir des services de santé.

Ces commentaires ne visent pas à critiquer les procédures elles-mêmes, mais plutôt à suggérer que les procédures, bien que nécessaires, ont des effets secondaires psychologiques et tendent à impliquer un monde de significations dont nous devons tenir compte pour comprendre ce qui arrive à l'être humain qui devient patient. Il est évidemment nécessaire d'identifier les patients et de les protéger de toute erreur de traitement. La petite bande de plastique que l'on pose au poignet du patient à l'admission n'en est cependant pas moins l'expression d'un droit de propriété, un peu comme celle du propriétaire sur le bétail qu'il marque. Elle signifie que « nous prenons maintenant possession de vous. »

Un messager vous accompagne à votre chambre. Une fois admis à l'hôpital, vous ne pouvez plus marcher tout seul, même si votre condition physique vous le permet, même si vous connaissez très bien l'institution.

Arrivé à la chambre qui vous est assignée, le processus de mise à nu continue. Il faut maintenant vous défaire de vos vêtements. Je me souviens de l'horreur que je provoquai chez une jeune infirmière qui avait été une de mes élèves quand je l'informai que je voulais rester habillé. J'étais à l'hôpital pour une intervention chirurgicale mineure, je savais qu'il n'y avait rien d'autre au programme pour moi. Je voulais terminer un rapport que ma secrétaire devait passer prendre plus tard à ma chambre. Quand elle me demanda : « Voulez-vous porter votre propre pyjama ou une jaquette d'hôpital ? », je lui répondis que je resterais vêtu quelque temps. La jeune fille se troubla ; après tout, j'étais une figure d'autorité, elle m'avait connu comme professeur. Je lui créais un dilemme terrible, car il faut bien que les patients enlèvent leurs vêtements pour que l'hôpital puisse s'occuper d'eux. Elle fit donc ce que j'ai vu des infirmières faire tant de fois avant et après ce jour-là. Elle invoqua le fait que le médecin pourrait passer n'importe quand, et que, n'est-ce pas? nous ne voudrions pas nuire au travail du médecin en n'étant pas prêt pour lui. Tout professionnel qui utilise ainsi un autre professionnel risque de ne pas donner au patient un très fort sentiment de travail d'équipe, de confiance et de communication interprofessionnelle. Pour éviter une situation de stress, je me déshabillai pour assurer le bien-être du personnel.

La littérature psychologique indique que la maladie entraîne souvent un comportement régressif. Cela est bien vrai. Mais, comme sociologue, je dois faire une mise en garde. Si on ne se sert que de ce modèle psychologique, ceux qui s'occupent du malade ne feront que rester à ses côtés et simplement tolérer ses symptômes en espérant que la guérison le ramènera à un comportement plus adulte. Mais les sociologues voient bien que le comportement de dépendance que manifeste le patient n'est rien d'autre qu'une réponse réaliste à la situation sociale où il est placé, dont tous les professionnels sont complices et dont ils doivent assumer la commune responsabilité.

On me permettra de souligner ce point en rappelant que le processus d'admission en entier continue à souligner cette dépendance. Le patient doit remettre à l'admission tout ce qu'il apporte, y compris même les médicaments qu'il doit prendre lui-même selon l'ordonnance de son propre médecin. Il ne peut plus recevoir ces médicaments avant que le même médecin ou quelqu'un d'autre ait rédigé une nouvelle ordonnance. Il arrive souvent que l'heure de la nouvelle dose suivante passe alors que le médicament attend au comptoir de l'infirmière, dans le contenant du patient. Mais l'heure passe en vain, car il n'y a pas de nouvelle ordonnance. Il y a là un conflit direct entre les principes professionnels et les principes bureaucratiques, et c'est la bureaucratie qui l'emporte. Mais il y a plus : c'est pour le patient un rappel du fait que sa relation avec son médecin personnel est terminée et que l'hôpital en tant qu'agence anonyme est devenu l'intermédiaire imbu de pouvoir, qui peut enlever au patient même les médicaments que lui a prescrits son propre médecin. « L'avis de mon médecin ne compte plus? C'est lui qui m'a prescrit ces pilules. Pourquoi ne me les donnent-ils pas? Après tout, la bouteille porte le nom de mon médecin. » Cette pratique fait perdre au patient non seulement sa confiance en son médecin, mais surtout tout sentiment d'autonomie qui pouvait lui rester.

L'admission implique aussi souvent la répétition de toutes les procédures déjà subies au bureau du médecin : radiographie, pesée, tests et épreuves de laboratoire. Ce qui s'est passé hors de l'hôpital ne compte plus. La bureaucratie l'emporte encore une fois. Un patient me disait : « J'accepterais qu'ils n'aient pas confiance en moi ; mais en mon médecin... ! »

Tout cela donne au patient deux objectifs pour son séjour à l'hôpital. Il arrive à l'hôpital avec le désir et l'objectif de guérir. Mais un nouvel aspect du rôle apparaît : « Je dois survivre à l'hôpital. Ces gens sont tous très puissants. Il faut que je sois bien vu si je veux qu'on s'occupe de moi. » Ce second aspect du rôle peut même s'opposer à ce qu'on demande de l'attention. Si j'ai mal, qu'il me faut quelque chose et que je sais que l'infirmière m'en voudra peut-être si j'allume la petite lumière trop souvent, je me vois pris dans un système de pouvoir. Un patient cardiaque me disait, en jouant avec le bouton d'appel : « J'économise ce bouton. C'est une chose qu'ils apprécient. Ils savent que si j'appelle, c'est que j'ai vraiment besoin d'aide au plus tôt. Ils apprécient qu'on ne se serve pas trop du bouton. »

Le patient apprend, d'après toutes ces expériences, qu'il devra survivre efficacement à l'hôpital, et pour ce faire, trouver les règles du jeu. Les élèves d'une école s'informent de ce qui est toléré, se font part des limites. Il suffit d'avoir déjà gardé des bébés pour savoir que la première chose que fait un bébé est de chercher les limites. Le patient hospitalisé cherche aussi à découvrir quelles récompenses et punitions entraînera son comportement à l'hôpital. Mais la tâche est plus difficile pour le patient, car les règles ne sont pas claires, les définitions de statut varient et il n'y a pas de communauté informelle de patients. Bien des médecins et des infirmières ne se doutent même pas que leur comportement quotidien avec chaque patient implique des récompenses et des punitions et qu'ils apparaissent aux patients comme des figures de pouvoir dès qu'ils entrent en service, même comme étudiants.

Il faut examiner du point de vue des réactions et des indications du patient certains aspects du nursing d'équipe moderne. Aller au-devant des besoins du patient : récompense. Faire comme si on ne comprenait pas ce que veut le patient : punition. Le médecin qui s'assoit récompense. Le médecin qui reste loin du lit punit. Nous avons fait une expérience, avec l'aide de quatre médecins à qui nous avions demandé d'entrer dans des chambres de patients et d'y rester exactement trois minutes; nous tenions le temps. Avec la moitié des patients, ils s'assoyaient quelque part; avec l'autre moitié, ils restaient debout à quelque distance du lit. Puis nous interrogeâmes les patients : tous ceux chez qui le médecin s'était assis pensaient qu'il était resté au moins dix minutes. Aucun de ceux chez qui le médecin était resté debout ne croyait qu'il fût resté si longtemps.

Je me rappelle une dame de cinquante-huit ans, admise pour un problème cardiaque, et qui nous disait le lendemain : « Quand je suis arrivée, vous savez, il y a cette infirmière qui m'a aidée à changer de vêtements. Puis je suis restée assise, et elle a fait le lit; en plaçant le bouton d'appel sous l'oreiller, elle m'a expliqué que si j'avais besoin de quelque chose, je n'avais qu'à enfoncer le bouton, une lumière s'allumerait et une infirmière viendrait. » Elle me fit un sourire avant de continuer : « Eh! bien, je sais comme elles sont occupées, et je lui ai dit que j'espérais que je n'aurais pas à trop les déranger. »

Regardons ce que faisait cette patiente. D'une part, elle vérifie les limites. Elle dit : « Qu'est-ce que ça veut dire? Quand est-ce que je peux vraiment allumer le bouton d'appel? » Et d'autre part, elle marquait un point en communiquant : « Je sais que vous êtes occupées. Je vous estime. J'espère que vous m'estimerez. »

La patiente continua : « Savez-vous ce qu'elle a fait, mon infirmière? Elle s'est interrompue et elle est venue me trouver, elle m'a mis une main sur l'épaule et m'a dit que je ne devais pas me demander du tout si elles étaient occupées ou non, et que si j'avais besoin de quelque chose, il fallait enfoncer le bouton. » Cette infirmière n'aurait pas réussi si elle avait joué la Miss Efficacité, continué à faire le lit, à accomplir sa tâche. C'est en sortant de son rôle qu'elle pouvait communiquer à la patiente qu'il est bien accepté d'appeler quand on a besoin de quelque chose. C'est une aptitude importante et que nous oublions parfois, que de savoir quand agir comme officiel et quand comme personne. Cette infirmière avait agi par le toucher, dans une relation face à face.

Les patients ont tendance à croire qu'ils ont droit à une certaine quantité d'attention, variable selon l'opinion qu'ils se font de la gravité de leur état. Moins de cinq pour cent des patients de notre échantillon faisaient une relation entre l'argent qu'ils payaient et leur droit de recevoir de l'attention. Pour tous les autres, le droit à l'attention dépendait de la gravité de la maladie.

Comment connaître la gravité de mon état? Le médecin ne me dit rien. Les infirmières ne me disent rien. Je ne sais rien. Il faut donc que je trouve des moyens de déterminer à quels services je suis éligible, comment se porte mon compte en banque de services. Le barème le plus évident du droit au service est la visibilité du besoin.

L'état de besoin le plus visible est celui du patient attaché à quelque appareil. Il a sans doute peur d'y rester, peur de ne pas guérir, mais au moins, il n'a pas de souci quant à son rôle de malade. Tous ceux qui l'approchent, infirmière ou assistant ou médecin, savent qu'il est légitime pour lui de demander du jus d'orange, de l'eau, l'urinoir, ou n'importe quoi. Chaque drain, chaque flacon qui pend près du lit augmentent le crédit du patient. Je ne suis pas en train de suggérer que le médecin commande toute une série de bouteilles rien que pour rassurer le patient. Mais il est important de prendre conscience du point de vue du patient. C'est un patient cardiaque qui me l'a fait comprendre un jour, à la veille de rentrer chez lui. Il me dit : « Je n'aurais jamais cru qu'un jour j'envierais un amputé. » Je restai sidéré. Et il m'expliqua : « Le médecin va sans doute me recommander de ne pas monter d'escaliers. » À cette époque à Chicago, la plupart des ascenceurs étaient manuels, et le garçon d'ascenseur faisait respecter un avis qui disai : « Montez un étage à pieds, descendez-en deux ». Le patient continua : « Si un amputé prend l'ascenseur et dit « deuxième », le garçon d'ascenseur voit sa prothèse et accepte. Mais moi? Je n'ai aucune façon de faire valoir mon droit d'être monté au deuxième. Ou bien il faut que je m'explique, que j'avoue, ou bien que je marche. Que pensez-vous que je ferai ? Je marcherai. » Les conséquences particulières de l'invisibilité de certaines conditions deviennent une question majeure.

Le second critère que les patients tendent à identifier est la fièvre. On ne pourrait étudier l'hôpital et sa hiérarchie sans tenir compte de la séparation de caste entre ceux qui font de la fièvre et ceux qui n'en font pas. Il y a des règles qui indiquent qu'il ne faut pas révéler sa température au patient. Et pourtant, en ne lui disant pas à quel point il est malade, nous ne lui donnons pas d'indices de ses droits, car le compte en banque de droit aux services monte avec la température.

Troisième critère, la douleur. Pas aussi bon que ce qui se voit, car il faut être cru. Le patient essaie d'établir les critères qui déterminent ce qu'il a le droit de demander. Il cherche les moyens d'organiser ses exigences. S'il peut exprimer des exigences que le personnel semble approuver, il perd moins de crédit. S'il choisit une demande que le personnel semble désapprouver, il perd plus.

Le médecin a averti le patient atteint d'un ulcère de ne pas s'inquiéter, s'exciter ni se tendre. Il devrait demander tout ce qu'il veut. Et il sait qu'il n'est pas en danger de mort. Il est donc assez probable qu'il demande ce qu'il veut. Il peut risquer son crédit plus facilement que le patient cardiaque qui se dit : « Je ne suis pas convaincu que chacun ici sache que j'ai droit à une attention complète Quand l'assistante-infirmière vient faire quelque chose pour moi, comment savoir si elle est d'accord que j'y ai droit ? » La maladie de ce patient n'a pas de signe visible et il sait que la crise cardiaque peut se reproduire. Et en ce cas, il lui faudra tout son crédit, car la vitesse et la bonne volonté sont essentielles. Aussi essaiera-t-il de ménager son compte en banque. Si j'ai un conseil à donner aux médecins et aux infirmières, c'est d'anticiper les besoins du malade cardiaque plus que ceux de tout autre patient.

Quand on regarde les besoins du patient et sa perception de son rôle, on voit qu'il demande à être informé de ses droits pour les comprendre mieux et savoir à quelles récompenses et punitions s'attendre. Il voudrait qu'on le voie comme un individu et non comme le numéro 732. Il veut être certain qu'on lui donne bien les bons médicaments. Heureux le patient qui reçoit une belle pilule aux couleurs psychédéliques, parce qu'au moins il reconnaît ce qu'on lui donne : « C'est ma pilule ». Mais malheur au patient qui reçoit une pilule blanche ordinaire. Il n'osera jamais demander, car l'infirmière réagirait sévèrement. Il est obligé de faire confiance au personnel et de *croire* qu'il reçoit bien le bon médicament.

Ce climat de dépendance de l'institution et de son personnel enlève au patient le sens de son individualité et de sa valeur humaine. Cet environnement peut bien s'occuper de la réparation de mes organes, mais ne sait comment traiter le fait que je meurs. Les soins dont j'aurais besoin exigeraient que des gens fassent d'eux-mêmes les instruments d'une aide délicate et délibérée; mes organes, eux, peuvent bien réagir à la technologie et à la chimie de la médecine.

Somme toute, l'étude de la mort en milieu institutionnel révèle deux grandes questions. Il s'agit d'abord des capacités, des attitudes et des comportements que les membres des professions de la santé apprennent à adopter face aux besoins humains. Et d'autre part de l'organisation de ce système social complexe que nous avons créé pour diriger ces capacités et rendre disponibles les ressources technologiques des arts thérapeutiques et diagnostiques. On a dit que l'hôpital est une institution qui répond admirablement au défi de la maladie. Il a permis la division du travail, le contrôle des urgences; mais il a payé ses victoires et a sacrifié au nom de l'efficacité les conditions de dignité et d'individualité qui font partie des exigences humaines des bien portants, des malades et des mourants.

Nous soutenons que nos professionnels ont appris à devenir des experts dans l'administration d'instruments technologiques. Nous soutenons aussi qu'en insistant sur les instruments et la technique, nous avons diminué leur sensibilité et leur foi en leurs propres ressources et leur force intérieure. Nous ne les avons pas aidés à comprendre qu'on peut aider rien qu'en étant un professionnel tout autant qu'en faisant des actes de professionnel.

Il me revient une comparaison que je voudrais proposer en conclusion. Notre société a vu se développer les grandes autoroutes, ce grand réseau de rubans d'asphalte qui traverse le pays et en relie efficacement et rapidement les parties les plus éloignées. La possibilité technique de construire ces autoroutes impliquait l'atteinte d'une efficacité maximum et d'un contrôle maximum de la nature, pour éliminer les collines, remplir les vallées et franchir les rivières. En conduisant sur une autoroute, on devient conscient d'avoir fait un choix, choix qui fait gagner de l'efficacité de mouvement mais qu'on paie en se sentant distant de l'environnement naturel et séparé de sa proximité immédiate. On a payé un prix sans doute approprié. Il est des moments cependant où l'expérience, le plaisir et le besoin de comprendre l'environnement vous poussent à prendre une route secondaire pour chercher à communier avec la nature. Et encore, cette route étroite sur laquelle vous roulez alors ne vous approche que bien timidement de l'intégralité du monde que vous voulez comprendre. On pourrait y voir une image très réelle du monde moderne de la santé. Nos hôpitaux et les professions de la santé ont construit les autoroutes de la technique médicale où les maladies et les organes prennent toute la place et nous nous concentrons avec efficacité sur les processus spécifiques des maladies que nous cherchons à guérir. Mais le patient vit sa propre histoire, et le mourant n'est qu'un exemple extrême des cas où le défi professionnel exige que nous abandonnions la route confortable aux indications claires et que nous osions nous aventurer dans les sentiers étroits qui s'adaptent à l'individualité du monde réel — dans ce cas, aux besoins spécifiques et au vécu humain du patient qui s'en est remis aux soins de gens qui atteindraient leur pleine efficacité en se transformant en instruments d'aide et d'espoir.

La mort à la première personne

*Anonyme**

Dans l'article qui précède, le Dr Mauksch propose de changer l'orientation et la procédure de l'hôpital de façon que ceux qui s'occupent des mourants puissent leur donner l'espoir, le réconfort et le soutien dont ils ont besoin. Il ne faut pas s'attendre à des décisions administratives prochaines qui incluraient ces prescriptions dans les descriptions des tâches du personnel hospitalier. Mais personne n'a besoin d'une décision administrative pour changer de comportement. Comme cette jeune infirmière le dit si éloquemment, il ne faut même pas plus de temps que vous n'en consacrez déjà au patient; il s'agit simplement de consacrer aussi ce temps à s'occuper de ses besoins d'être humain avec des espoirs, des peurs, des questions et le besoin de contacts significatifs avec d'autres humains. Ce texte a paru en février 1970. Son auteur est sans doute morte depuis quelques années déjà. Elle a donné sens à sa vie et à sa mort en rejoignant les autres avec un message qui allait porter encore longtemps. Vous pouvez ajouter encore à la dignité de sa mort en recevant ce message et en l'appliquant.

Je suis étudiante infirmière. Je me meurs. J'écris ceci pour vous qui êtes ou deviendrez infirmières, dans l'espoir qu'ayant partagé mes sentiments, vous soyez un jour capables d'aider mieux ceux qui vivent la même expérience que moi.

Je suis sortie de l'hôpital, maintenant — pour un mois, six mois, un an peut-être —, mais personne n'aime parler de ces choses-là. En fait, personne n'aime parler de grand-

---

chose. Le nursing avance sans doute, mais je voudrais qu'il se hâte. Nous apprenons maintenant à ne plus jouer la bonne humeur, nous réussissons assez bien à oublier le « Tout va bien » de routine. Mais il ne reste qu'un vide silencieux et solitaire. Sans le « tout va bien » protecteur, le personnel reste pris avec sa propre peur et sa vulnérabilité. On ne voit pas encore le mourant comme une personne et on ne peut donc pas communiquer avec lui. Il est le symbole de ce que craint tout être humain, de ce que nous savons tous, au moins académiquement, devoir affronter un jour. Ne nous disait-on pas, dans les cours de psychiatrie, que si on s'approche de la pathologie avec sa propre pathologie, on ne peut que nuire à tout le monde ? Et qu'il fallait connaître ses propres sentiments avant de pouvoir aider quelqu'un d'autre avec les siens ? Comme c'était vrai.

Quant à moi, j'ai peur tout de suite, je meurs maintenant. Vous entrez et sortez de ma chambre en silence, vous me donnez mes médicaments, vous prenez ma pression artérielle. Est-ce le fait d'être moi-même étudiante infirmière ou le simple fait d'être un humain qui me fait sentir votre peur ? Votre peur souligne la mienne. Pourquoi avez-vous peur ? Après tout, c'est moi qui meurs !

Je sais que vous êtes mal à l'aise, que vous ne savez ni que dire ni que faire. Mais croyez-moi, on ne peut pas se tromper en montrant de la chaleur. Laissez-vous toucher. C'est de cela que nous avons besoin. Nous pouvons poser des questions sur l'après et le pourquoi, mais nous n'attendons pas vraiment de réponse. Ne vous sauvez pas, attendez, je veux simplement savoir qu'il y aura quelqu'un pour me tenir la main quand j'en aurai besoin. J'ai peur. La mort est peut-être devenue une routine pour vous, mais elle est nouvelle pour moi. Je ne suis sans doute pas un cas unique pour vous, mais c'est la première fois que je meurs. Pour moi, c'est le moment unique.

Vous parlez de ma jeunesse ; mais quand on se meurt, est-on si jeune ? Il y a des tas de choses dont je voudrais parler. Il ne vous faudrait pas beaucoup plus de temps, puisque vous passez déjà beaucoup de temps près de moi de toute façon.

Si nous pouvions seulement être honnêtes, admettre nos peurs, nous toucher l'une l'autre. Et après tout, votre professionnalisme serait-il vraiment menacé si vous alliez jusqu'à pleurer avec moi ? Entre nous ? Alors il ne serait peut-être plus si dur de mourir à l'hôpital... car on y aurait des amis.

Points de vue différents sur la mort

Dans le chapitre précédent, nous nous sommes demandé pourquoi il est si dur de mourir. Pour en illustrer une des raisons, nous avons inclu un texte qui décrit pourquoi les hôpitaux ne traitent pas les mourants humainement. À notre époque, dans notre société, il est normal de mourir à l'hôpital. Mais ce n'est peut-être pas la meilleure solution, quoique l'hôpital offre de meilleurs soins *médicaux*. L'hôpital, même s'il réorganisait son rapport avec les mourants pour leur offrir plus de soutien humain durant leurs dernières heures, journées ou semaines, ne serait tout de même pas la maison. Ce dont la plupart des gens ont peur dans la mort, c'est du sentiment d'être seul, d'avoir à affronter l'inconnu sans aucun des accessoires familiers qui nous soutiennent d'ordinaire aux moments de grand changement. Le texte que vous venez de lire décrit bien comment mourir à l'hôpital implique trop souvent la perte de tout sens de son identité personnelle. Peu importent les circonstances, il est toujours dur de mourir ; mais la peur peut se trouver bien diminuée dans l'environnement familier du foyer, si on est entouré de ceux qu'on aime et qui vous aiment. Nous allons maintenant étudier quelques alternatives à la mort en institution ; adopter des points de vue différents pour voir comment d'autres cultures donnent à leurs mourants soutien et réconfort.

Le problème de la mort est une question humaine universelle. C'est la réponse à cette question qui change avec les cultures. Les diverses sociétés humaines traitent différemment ceux de leurs membres qui se meurent et se donnent des explications différentes du phénomène de la mort et de son sens dans l'existence humaine. Votre propre façon de voir la mort reflète votre acquis culturel ; en la comparant aux idées des textes qui suivent, vous verrez comment l'explication qu'une société ou une sous-culture donne de la mort a une influence importante sur la façon dont ses membres comprennent et vivent la vie. En cherchant une réponse personnelle à la question de la mort, il est utile de regarder hors des limites de notre culture pour voir ce que d'autres cultures peuvent avoir d'utile à offrir.

Un atelier interculturel et interreligieux sur la mort et le mourir, tenu à Hawaï en juin 1970, a été une des expériences les plus éclairantes que ce travail m'ait fait vivre.

Nous avions invité des représentants de divers pays pour apprendre d'eux comment ils réglaient dans leur environnement les problèmes de la mort et du mourir.

Le Dr Frank Mahoney, professeur adjoint en anthropologie à l'Université d'Hawaï, nous expliqua les différences entre la culture américaine et la société micronésienne des Truks. La dénégation américaine de la mort est bien connue, nous nions même le processus du vieillissement; on considère au contraire que la société truke affirme la mort. Nous cachons notre âge, nous dépensons des fortunes pour cacher nos rides, nous préférons envoyer nos vieillards dans des hospices. Pour les Truks, la vie se termine à quarante ans, la mort commence à quarante ans.

Dans cette société, ce n'est qu'à quarante ans qu'on est considéré comme vraiment adulte, capable de prendre des décisions et de guider sa vie. Ce n'est pas une société industrielle commerciale. Les Truks vivent surtout de poisson et du fruit de l'arbre à pain. Pour attraper du poisson, il faut qu'un jeune homme soit fort et agile, qu'il pagaie bien et sache diriger sa pirogue pour aller pêcher sur le récif de corail. En arrivant à la quarantaine, le Truk voit sa force décliner et il ne grimpe plus aux arbres aussi facilement. Voyant ses forces le quitter, il sent que c'est sa vie qui s'en va et commence à se préparer à la mort.

Le professeur Mahoney nous raconta durant sa conférence une histoire très émouvante — et très universelle — qui renforça ma conviction de l'identité fondamentale de tous les humains. C'est l'histoire d'un vieil homme atteint du cancer et envoyé de son île à Hawaï pour y être soigné. Il n'avait personne à qui parler, personne qui comprenait sa langue, et surtout, il savait qu'il allait mourir et aurait souhaité être chez lui avec sa famille. Quand Mahoney le visita, il put exprimer son désir et il fallut bien des efforts à son ami pour le ramener chez lui, où il mourut quelques semaines plus tard. Cette histoire nous rappelle la difficulté qu'il y a à traiter avec des institutions, difficulté vraiment extraordinaire pour quelqu'un qui vient d'un milieu ethnique et culturel différent. Au bout du processus institutionnel, il ne peut plus parler avec personne dans un langage qui semble compréhensible.

Le chef Fuifatu Faulolo, un merveilleux Grand chef de Samoa, souligna la nécessité de comprendre la culture et les coutumes des communautés où vivent et travaillent nos patients. Les Samoïens craignent et détestent la mort, peut-être surtout parce qu'ils aiment la vie et voudraient vivre toujours.

Leurs coutumes leur ont causé bien des ennuis légaux durant la guerre du Vietnam. Quand on renvoyait le corps d'un soldat samoïen du Vietnam en Californie pour y être inhumé, le cercueil était fermé hermétiquement et des instructions strictes interdisaient de l'ouvrir. Mais il est à Samoa une coutume qui exige que l'on soigne les morts avant de les enterrer. Les membres de plusieurs familles ouvrirent le cercueil et accomplirent le rite avant de le refermer. Les familles eurent grand mal à expliquer leur position à la police et au ministère de la Santé.

Lois Grace, diacre de l'église Kawaiahao d'Hawaï, nous expliqua que les gens de son peuple croient que la mort les accompagne toujours, à la pêche, dans les réceptions ou à la maison. Ils passent pour superstitieux ; ils croient fermement que Madame Pélé fut jadis leur déesse et qu'ils retrouveront après la mort tous leurs parents et amis. Quand quelqu'un meurt, ils rassemblent parents et amis et font une procession de deuil, puis ils tiennent un grand luau pour rendre hommage à tous ceux qui ont porté la bière, construit le cercueil et creusé la fosse. Les survivants sont consolés, leur fardeau allégé et, c'est le plus important, les enfants sont toujours présents et s'assemblent autour du cercueil. C'est ainsi que les enfants apprennent tout jeunes que la mort fait partie de la vie et qu'on a des amis, des voisins, une communauté significative avec qui passer les moments difficiles !

Le Révérend Charles M.C. Kwock aborda le sujet dans le contexte de la religion chinoise, mélange de confucianisme, de taoïsme, de bouddhisme et de culte de la nature et des ancêtres. Les Chinois, comme les Américains, forment une société qui nie la mort. C'est d'autre part un peuple non seulement très pratique, mais aussi très fataliste. Ils croient que la mort est une des grandes certitudes de la vie et que ce qui a commencé dans la vie doit finir dans la mort.

Il y a beaucoup de deuil, de lamentations et de larmes aux funérailles. Et les Chinois tiennent au statut, à sauver la face; s'il n'y a pas assez de survivants, ils engageront des pleureurs professionnels pour sauver la face. Ils croient à la vie éternelle et à la survie des morts. Ils brûlent des billets de banque pour donner au défunt de l'argent à dépenser dans l'autre monde, et jadis des enfants se vendaient comme esclaves pour assurer de bonnes funérailles à leurs parents. Au moment des funérailles, l'esprit du défunt est présent, mais aussi d'autres esprits, dont certains ne sont pas trop amicaux. Au moment de recouvrir le cercueil, on demande aux vivants de lui tourner le dos, pour éviter que les mauvais esprits qui flottent autour du mort ne les suivent chez eux. Pour effrayer les mauvais esprits, ils font des feux d'artifice, surtout lors des mariages, pour s'assurer la présence exclusive des bons esprits. Pour la même raison, ils préfèrent que les malades meurent à l'hôpital : car la maison pourrait rester hantée si maman y mourait; les vieux Chinois voient encore l'hôpital comme l'endroit où on va mourir.

Les Japonais ont aussi leurs rituels, que nous rapporta le Révérend Yoshiaki Fujitani. Pour les Japonais, la religion shintoïste concerne les vivants et le bouddhisme concerne les morts. On trouve donc aussi bien un temple shintoïste qu'un sanctuaire familial bouddhiste. Quand quelqu'un meurt, il part pour la terre pure, l'autre rive, un endroit qu'on dit orné de fontaines, d'argent, d'or et de lapis-lazuli. La mort n'inspire pas de véritable crainte. Les ministres s'occupent du service funèbre qui n'est pas destiné au mort autant qu'à la famille qui désire garder la mémoire de ses morts. Ils doivent observer certaines pratiques religieuses pour assurer le voyage de l'esprit dans l'au-delà. Si la famille néglige ces devoirs, les esprits reviennent pour ainsi dire lui « pousser dans le dos ».

Les rites commencent au chevet du mort, où le ministre a l'occasion de consoler la famille. La cérémonie suivante s'appelle le Yukan, le bain du mort. À vrai dire, c'est aujourd'hui la morgue qui s'en charge, mais le rite s'est maintenu sous une forme symbolique. Autrefois, on ne pouvait pas garder un mort dans la maison. Le corps restait donc dehors, dans la cour. Pour le protéger des animaux sauvages, la famille veillait le corps; c'est l'origine du service de veille qui a lieu de nos jours à la morgue.

Après les funérailles, on faisait l'éloge du défunt et, comme plusieurs des parents étaient venus de très loin, on préparait à manger. À la fin de la période de deuil, on faisait une fête où tous les amis et tous ceux qui avaient aidé étaient invités, et ce n'est que ce jour-là que la famille recommençait à manger de la viande.

Plusieurs de ces rituels se sont maintenus jusqu'à nos jours, certains disparaissent. Les Amérindiens lançaient des flèches en l'air pour chasser les mauvais esprits, les Chinois font des feux d'artifice, d'autres tournent le dos au cercueil et nous, au cimetière d'Arlington, tirons une « salve d'honneur ». Avec la mobilité de la population mondiale et les mariages entre gens de culture et de religion différentes, il y a aujourd'hui bien des jeunes gens qui essaient de se débarrasser des cérémonies. Et pourtant les rites sont une partie très importante de la vie. Qu'arrivera-t-il aux gens de la deuxième et de la troisième génération quand ils enterreront leurs parents?

Le Dr Mahoney avait une réponse : « Ma famille et moi ne savons trop que faire à ce sujet, si bien que nous essayons d'en rire un peu. Mon épouse japonaise me dit : Fais-moi brûler, mets mes cendres dans une urne sur laquelle tu peindras un gros œil et mets-la à côté de ton lit pour t'endormir. »

Le Rév. Kwock expliqua que dans la situation chinoise d'aujourd'hui, les parents ont conservé la religion populaire, alors que les enfants sont chrétiens. On appelle un ministre pour tenir un service chrétien. Mais pour satisfaire le mort, les vieux font venir un prêtre traditionnel pour diriger le service funèbre. L'un est responsable des volontés du mort, l'autre est là pour réconforter les vivants dans leur épreuve.

Son peuple croit que chacun a d'avance son destin qui fixe l'heure de sa mort. Le destin fixe aussi le moment du mariage et c'est en faisant ces choses aux jours convenables qu'on harmonise sa vie avec l'ordre universel des choses.

Peu importe la façon particulière qu'a une culture de répondre aux questions de la mort, les questions semblent partout les mêmes : quel est le sens de la mort dans l'existence humaine? Pourquoi mourons-nous à tel moment, et qu'est-ce qui nous arrive après la mort? Y a-t-il une relation, et laquelle, entre notre vie sur terre et notre mort? Y a-t-il une vie après la mort, et si oui, de quelle nature? Y a-t-il des façons de vivre qui nous préparent mieux à la mort et à la possibilité d'une autre vie, ou bien cette vie-ci est-elle la seule? Quel est le sens de l'existence humaine? Comment atteindre le bonheur et la paix, et la réponse change-t-elle selon qu'on croit ou non à la survie? Reviendrons-nous sur terre vivre une autre vie? Notre position dans la vie, nos problèmes et nos joies sont-ils en relation avec la façon dont nous avons vécu nos vies antérieures? Ou alors la mort est-elle simplement la mort, sommes-nous destinés à pourrir et à nous mêler à la terre? Quel est notre destin?

À travers toute l'histoire, les philosophes, les théologiens et le commun des mortels se sont posé ces questions; la spéculation seule peut y répondre, car nous n'avons aucun moyen de vérifier la justesse de nos jugements à ce sujet, et quand nous saurons la réponse, il sera trop tard pour changer le cours de nos vies. Le plus raisonnable semble donc de chercher des réponses qui nous donnent la paix et la force de vivre des vies signifiantes. J'espère qu'en regardant avec nous la mort de points de vue différents de ceux auxquels vous êtes habitué, vous trouverez du matériel qui vous aidera à répondre à vos questions personnelles sur la mort. Peu importe ce que vous tirerez de ces textes, leurs différentes perspectives devraient vous aider à situer vos propres idées dans un contexte plus vaste.

La mort chez les Indiens d'Alaska : une question de choix

Murray L. Trelease

L'auteur du texte qui suit nous rapporte ses expériences avec des mourants chez les Indiens d'Alaska. Il était prêtre au service des Indiens des villages de l'intérieur de l'Alaska, et on le faisait venir régulièrement pour prier pour les vieillards mourants et leur apporter la communion. Ce qu'il y avait d'exceptionnel, c'est que dans presque tous les cas ces gens faisaient preuve face à leur mort, à sa préparation et à son heure d'un étonnant pouvoir de volonté et de choix personnel. Cette expérience contraste vivement avec notre croyance traditionnelle que la mort vient comme un voleur, la nuit, inattendue, imprévisible. Cet article nous rappelle l'importante nécessité pour tous les êtres humains de jouer un rôle actif dans tous les aspects de leur vie, y compris leur mort. La description de la mort de ces Indiens d'Alaska et de ses circonstances indique que la fin de la vie peut être porteuse de signification et de croissance. Notre société pourrait emprunter beaucoup à leurs rites pour donner un sens à la mort.

Au cours des années 1960, j'ai passé huit ans comme prêtre dans une paroisse qui desservait des petits villages indiens de l'intérieur de l'Alaska. Jusqu'à l'arrivée de l'homme blanc et de la civilisation occidentale, les gens que je servais avaient été nomades, voyageant en petites unités familiales pour pêcher et chasser. L'arrivée de l'homme blanc détermina une transition rapide de la famille nomade à la communauté villageoise. Mais cette évolution n'était pas régulière et les attitudes et les valeurs de la vie nomade survivaient toujours, longtemps après l'installation dans des villages. Les gens qui avaient été élevés dans l'ancien mode de vie, s'ils n'étaient plus nomades, étaient du moins profondément imbus des coutumes et des valeurs de la vie nomade. Je voudrais décrire ces coutumes et valeurs en relation avec la mort et le mourir.

Je voudrais faire part de certaines expériences très particulières que j'ai eues avec la mort et le mourir durant la période que j'ai passée en Alaska. Un jeune d'une famille se présentait à ma cabane et me demandait d'aller prier pour grand-maman et de lui apporter la communion. Quand j'arrivais, toute la famille et les amis étaient réunis, et nous priions ensemble. La personne mourait durant les heures suivantes. C'était parfois un membre de la famille et parfois une infirmière stationnée dans un village voisin qui me convoquaient. Mais le plus souvent, c'était le mourant qui faisait venir tout le monde. Et on m'a raconté à plusieurs reprises que la personne qui allait mourir avait passé les derniers jours à se préparer, à raconter l'histoire de sa vie et à prier pour tous les membres de sa famille. Il y avait autant de variations sur le thème que de personnalités. Certains souhaitaient s'entourer de tous leurs proches, d'autres préféraient rester seuls ou avec un parent favori. Durant mes tournées de Noël ou de Pâques pour apporter la communion aux invalides, il arriva à plusieurs reprises qu'un vieux ou une vieille me dise m'avoir attendu, et puis meure peu après avoir reçu le sacrement. Je ne voudrais pas suggérer que chacun attendait le passage du prêtre et mourait tout de suite après. Mais la majorité de ceux qui ne mouraient pas subitement se préparaient, faisaient célébrer quelque service, réciter des prières et des hymnes, et faisaient leurs adieux.

L'exemple le plus dramatique qu'il me fut donné de voir d'une mort prévue et préparée fut la mort de la vieille Sarah. Environ deux semaines avant sa mort, je reçus un message radio de la vieille Sarah qui me convoquait à Arctic Village pour un jour précis. Il ne m'était jamais rien arrivé de semblable, mais je me souviens avoir pensé : « Elle veut mourir ce jour-là ». Je réunis fidèlement les trois membres de sa famille qui vivaient à Fort Yukon et, le jour dit, nous nous envolions pour Arctic Village. J'avais vu juste quant à ses intentions, mais je m'étais trompé de date. Elle avait un fils dans un autre village et me demanda d'aller le chercher. Elle me laissa le temps d'emmener cette dernière personne. Il y avait là toute une assemblée, ce qui convenait bien pour l'aïeule respectée de la famille et de la communauté.

Le lendemain matin, elle fit des prières pour tous les membres de sa famille. A midi, nous célébrâmes solennellement l'Eucharistie dans sa cabane, avec tous les hymnes et les prières. La vieille Sarah apprécia chaque minute de la cérémonie, prit part aux prières et aux chants; elle était radieuse. Puis nous nous retirâmes tous; elle mourut vers six heures. Les deux jours suivants, tout le village s'occupa de préparer les funérailles de Sarah. Des femmes préparèrent le corps et nettoyèrent sa cabane, tandis que d'autres faisaient cuire de grandes quantités de nourriture, en grande partie achetée par Sarah pour l'occasion. Le poste de la mission servit de menuiserie pour la fabrication du cercueil et des équipes d'hommes se relayaient pour creuser une tombe dans le sol gelé. Tout le village s'entassa dans l'église pour le service et accompagna le cercueil au cimetière, chantant des hymnes tandis qu'on remplissait la tombe de terre et plaçant sur le monticule des fleurs de papier crêpé faites à la main, avant la dernière bénédiction. Il y eut ensuite un grand festin pour tout le village. Les coutumes funéraires étaient semblables dans tous les villages, mais je n'avais jamais vu le mourant s'y préparer ni y participer autant. La mort de la vieille Sarah fut pour nous tous un cadeau sans prix.

Comme il s'agissait de vieux, je me suis souvent demandé jusqu'à quel point cette conscience et cette acceptation de la mort dataient d'avant l'époque chrétienne. Personne ne semblait le savoir. Mais il y avait des légendes au sujet d'un monde des esprits et d'une vie après la mort. La religion pré-chrétienne était une sorte d'animisme. Les esprits dont les gens étaient conscients étaient méchants et nuisibles, ou au mieux malicieux et capricieux. Après la mort d'un animal méchant, comme le lynx, on apaisait son esprit par des offrandes pour l'empêcher de faire tort aux vivants, de nuire à la chasse ou de hanter le camp. S'il y avait de bons esprits, c'étaient ceux qui ne dérangeaient personne. On m'a raconté une légende selon laquelle les esprits des méchants remontaient à la source d'un ruisseau appelé fort à propos « Preacher Creek », dans la région de Fort Yukon. On croyait qu'ils revenaient hanter les camps et y causer du trouble. Les esprits des bons, d'autre part, descendaient le Yukon et on n'en entendait plus parler. Je n'ai jamais su si on avait idée d'une vie ou d'un endroit après la mort.

L'arrivée de l'évangile chrétien révéla pour la première fois un bon esprit à ces gens, le Saint-Esprit. Son grand pouvoir et son amour du peuple étaient vraiment une «bonne nouvelle». En plus de leur confiance en l'Esprit-Saint, plusieurs des vieux que j'ai connus avaient une relation très chaude et personnelle avec Jésus. Un vieillard me racontait souvent les conversations qu'il avait la nuit avec Jésus. Les enfants de gens qui étaient morts me dirent à plusieurs reprises que les dernières paroles de leurs parents avaient été pleines de témoignages et d'enseignement sur Jésus. Ce sont des témoignages de ce genre qui répondirent pour moi à la question de savoir si ces gens avaient une anticipation positive de la mort. Quant à mon autre question — comment ils déterminaient le moment de la fin de la vie —, je n'ai jamais pu y répondre. Il n'est peut-être pas possible d'exprimer cela avec des mots. Il semblait évident cependant que chacune de ces personnes avait senti, sans doute intuitivement, que sa vie significative tirait à sa fin et avait su entrer dans la phase finale facilement et naturellement. Bien peu d'entre eux avaient besoin d'un médecin pour leur dire qu'ils avaient une maladie terminale.

Je ne voudrais pas suggérer que la volonté humaine a une qualité surhumaine. Mais mes expériences en Alaska et mes autres expériences avec les mourants à ce jour confirment ma conviction de son rôle puissant et parfois déterminant dans la mort. Cela ne semble guère étrange si on songe à son pouvoir déterminant sur tout le reste de la vie. Non que la volonté humaine change la réalité, mais plutôt qu'elle fait partie de la réalité de la vie et qu'il faut en tenir compte.

De mon point de vue de pasteur, il est moins important de définir et de mesurer la volonté que de comprendre ce que cela veut dire pour l'individu que d'avoir une volonté, et comment on peut la soutenir et la libérer. Les familles, les pasteurs et même le personnel médical prennent trop souvent pour acquis que tout ce qu'un mourant peut vouloir, c'est d'être confortable. Une fois la sentence de mort prononcée, nous tendons à arranger les oreillers et à espérer, pour lui ou elle, que la mort vienne vite. Nous avons terriblement peur de la souffrance et recourons aux derniers médicaments, dont la plupart engourdissent l'esprit autant que le corps. Je n'oserais pas affirmer que nous nous trompons complètement. Mais je crois que nous mêlons les priorités. La vie de quelqu'un s'achève. Cette personne a sûrement des choses importantes à dire et à faire avant de mourir !

C'est bien sûr à l'individu lui-même que revient d'abord la responsabilité de vivre cette dernière étape. Les autres peuvent influencer et soutenir sa volonté, mais lui seul peut l'exercer. Une des choses importantes que j'ai apprises en Alaska, c'est de demander au mourant : « Qu'est-ce que tu veux ? » Il ne s'agit pas de consolation, mais d'activité mentale et de choix moral. « Voudrais-tu voir ton fils (à qui tu n'as pas parlé depuis dix ans) ? » « Voudrais-tu aller quelque part ou faire quelque chose ? » « Veux-tu faire un cadeau à quelqu'un ? » Bien sûr, les questions se formulent autrement et on reste conscient des limites physiques et mentales. L'idée est de voir l'acte de mourir comme une étape de la vie, impliquant une croissance, des devoirs et des possibilités comme toutes les autres étapes de la vie.

Je me souviens d'un garçon de dix-neuf ans mourant de leucémie qui en deux semaines se transforma, du gosse plutôt irresponsable qu'il était en un conseiller plein d'amour et de compréhension qui conduisit sa famille à travers l'expérience éprouvante de sa mort. En apprenant qu'il allait mourir, il s'était trouvé accablé de rejet et de ressentiment. Mais il avait bientôt découvert qu'il y avait une longue liste de choses qu'il voulait connaître et comprendre. Il y avait des gens à voir, de vieilles blessures à panser, sa famille à aider et à consoler ; il pensait encore à de nouvelles choses à accomplir quand il mourut subitement. Tout le monde n'en fera pas autant, mais il est malheureux que tant de gens croient que c'est la sentence de mort, plutôt que la mort elle-même, qui marque la fin de la croissance. Au contraire, ce peut être en une vie le commencement de la plus grande croissance en compréhension, en amour et en foi.

Si j'ai réussi à me faire comprendre sur le vouloir actif dans la mort, il ne me reste qu'à ajouter que nous, la famille, les amis, les pasteurs, médecins et infirmières, nous la communauté, détenons souvent la clef de la libération de la volonté du mourant. La vieille Sarah n'avait guère besoin qu'on soutienne sa volonté. Elle était en terrain familier, entourée de ses proches, et s'inspirait d'une longue tradition. Mais chez nous aujourd'hui, bien des gens meurent dans une sorte d'isolation : une chambre d'hôpital inconnue, l'horaire de l'hôpital, des visites limitées, des médicaments qui souvent engourdissent la conscience, et souvent toute une batterie de machines qui prolongent la vie. Comment l'individu peut-il exercer sa volonté, continuer à croître, à communiquer et à donner dans une telle situation ? La tâche de ceux qui l'aiment se trouve donc définie : ils doivent briser l'isolation du mourant, lui offrir de la chaleur humaine, le contact vivant d'une personnalité avec une autre, l'occasion de se faire entendre et comprendre et de faire le don de son amour.

La vision juive de la mort : la conduite de la mort*

Rabbin Zachary I. Heller

Le texte précédent montrait comment l'individu de culture nomade indienne d'Alaska pouvait recourir à ses propres coutumes et aux ressources de sa communauté pour donner à sa mort une signification personnelle. Dans le texte qui suit, l'auteur explique les rites qui, dans la culture juive et selon la loi judaïque, donnent à la mort son sens et sa dignité, permettant au mourant de mettre de l'ordre dans sa maison, de bénir sa famille, de lui laisser tout message qu'il juge important et de faire la paix avec Dieu. L'application de ces règles de la loi judaïque prend plus ou moins de sens, comme en toute autre situation, selon les personnes qui participent au rituel et selon le degré auquel le mourant avait intégré son identité juive à l'ensemble de sa vie. Mais la procédure prescrite pour la mort d'un individu de foi et de culture juives, si on l'applique en lui donnant son sens, permet de satisfaire aux besoins du mourant.

On ne peut nier la mortalité humaine, car la mort est la fin commune de toute vie. Pour l'individu de foi traditionnelle, la mort n'est pas une fin, mais une transition d'un état d'existence humaine à un autre. Et pourtant, quoiqu'on puisse être prêt à accepter dans la sérénité l'effet ultime de cette transition, le processus de mourir est lourd d'angoisses qui ne se laissent pas résoudre facilement. C'est une évidence que la mort fait partie de l'ordre naturel et qu'il faut l'accepter comme telle, bien sûr, mais sa dénégation est souvent un problème émotif majeur pour le sujet,

---

la famille concernée et même le médecin. Tout le monde doit bien comprendre que c'est un élément inévitable du cours de la vie, même si on peut parfois le suspendre temporairement.

La littérature sociale contemporaine a vu une augmentation prodigieuse des écrits sur la mort et le mourir. L'œuvre pionnière du Dr Elizabeth Kübler-Ross en ce domaine, *On Death and Dying* (1969), identifiait cinq stades de réaction du patient atteint d'une maladie terminale : 1) la dénégation et l'isolation; 2) la colère; 3) le marchandage; 4) la dépression; et 5) l'acceptation. Ces réactions ne se produisent pas toujours exactement dans cet ordre, mais elles constituent la gamme des réactions émotives typiques. Ces aperçus psychologiques des émotions des patients mourants ont sensibilisé davantage le personnel médical aux besoins humains du patient qui veut être traité comme une personne et non comme un spécimen clinique.

Pour le judaïsme, au contraire, ce souci du bien-être émotionnel du malade terminal n'est pas nouveau. Nous sommes mandatés pour faire en sorte que la dernière période de la vie soit aussi libre d'angoisse que possible. Il reste cependant une certaine tension entre cet idéal et la nécessité d'accepter la mort d'une façon réaliste et de s'y préparer.

On sait que seule une minorité d'entre nous meurent aujourd'hui dans l'environnement familier du foyer ou du lieu de travail. D'ordinaire, nous confinons automatiquement les malades terminaux à l'atmosphère stérile du centre médical. Par conséquent, le mourant se trouve coupé du contexte familial et familier et de sa sécurité émotionnelle au moment du plus grand trauma émotionnel. En fait, de larges secteurs de notre société ne parlent de la mort qu'avec des euphémismes et évitent que les enfants n'en prennent connaissance, comme s'il s'agissait d'un acte contre nature ou immoral. Plusieurs de nos attitudes contemporaines envers le mourir et de nos pratiques funéraires après la mort cherchent à nier la présence naturelle de cet élément du cycle de la vie. La tradition juive, d'autre part, aborde la mort directement et fait de la maladie terminale («*Shechiv Mera*») et du moment de mourir («*Goses*») des moments où les proches du patient devraient l'entourer, le consoler et l'encourager.

La famille et le médecin ont souvent à décider s'ils doivent ou non informer un malade terminal de la nature et de la gravité de sa maladie. Les psychiatres distinguent divers cas, tenant compte du désir et de la capacité du patient d'accepter et d'assumer cette information. On se rapporte fréquemment à deux précédents bibliques pour fonder l'attitude juive à l'égard de ce problème. Les deux histoires se trouvent au deuxième Livre des Rois. Au chapitre VIII, Ben Hadad, roi de Syrie, demande à son aide Hazazl de s'enquérir auprès du prophète Elie de ses chances de guérir d'une maladie. Elie lui répond : « Va lui dire : 'Tu guériras sûrement', mais le Seigneur m'a montré qu'il mourra sûrement. » Les rabbins s'appuient sur cet exemple pour pousser à ne pas révéler au patient la gravité de sa maladie et lui donner plutôt l'espoir d'une guérison possible. Au chapitre XX de Rois II, cependant, on trouve un autre précédent qui ne concorde pas avec le premier.

En ces jours-là, Hézéhie tomba si malade qu'il approchait de la mort. Le prophète Isaïe, fils d'Amoz, vint le voir et lui dit : « Parole du Seigneur : 'Mets de l'ordre dans ta maison, car tu vas mourir et tu ne vivras pas.' »

Une opinion rabbinique ultérieure citée dans la *Midrash* blâme le prophète d'avoir enlevé tout espoir de guérison possible. En fait cependant, la *hallacha* (le système légal juif) définit un cadre de référence qui permet d'informer le patient de la gravité de sa condition tout en laissant luire quelque étincelle d'espoir.

Il faut encourager le malade terminal à mettre ordre à ses affaires temporelles et spirituelles. « On lui dit de penser à ses affaires... mais que cela ne lui fasse pas craindre la mort. » (Yoreh Deah, 335 : 7)

Certaines sources indiquent un conseil pour rassurer le patient : « Les mots ne peuvent causer ni la vie ni la mort. » (Bet Yosef)

La confession du mourant apparaît comme un élément important dans le passage vers le monde à venir. On doit demander au mourant de réciter la confession selon les limites de sa condition physique et mentale. « Et on lui dit : 'Plusieurs de ceux qui se confessent ne meurent pas et plusieurs de ceux qui ne se confessent pas meurent; comme récompense de ta confession, tu vivras et celui qui se confesse a une place dans le monde à venir.'» (Yoreh Deah, 378 : 1)

Cette scène du lit de mort est ainsi structurée qu'elle donne au malade terminal et au mourant l'occasion d'exprimer naturellement ses soucis et ses angoisses tout en fournissant un cadre de référence rassurant sans jamais chercher à tromper.

Salomon Schechter suggère que le concept rabbinique de *teshuvah*, le repentir, qui est l'essence de la confession du mourant, est un moyen de se réconcilier avec Dieu. La confession serait donc plutôt réconfortante qu'éprouvante. La formule même de la confession a un caractère rassurant.

> *Je reconnais devant toi Seigneur mon Dieu et Dieu de mes pères que ma guérison et ma mort sont entre tes mains. Que ta volonté soit de me guérir complètement. Mais si je meurs, que ma mort rachète tous les péchés et les transgressions que j'ai commis devant toi. Donne-moi une place dans le monde à venir...*

Ainsi le patient terminal est poussé à envisager l'avenir de façon réaliste et à voir la mort comme une possibilité réelle et peut-être imminente. La *hallacha* simplifie le processus légal du testament sur le lit de mort. Elle modifie les exigences quant aux témoins et accorde aux dispositions orales la même validité qu'à un testament écrit établi selon les normes.

Ce moment a un autre aspect : le mourant y transmet à sa famille non seulement ses possessions matérielles, mais aussi ses directives éthiques. C'est encore dans la bible qu'on trouve la source de cette tradition. Le patriarche Isaac, voyant que ses jours sont comptés, fait venir son fils aîné. Il réclame Esaü : « Pour que je puisse te donner ma bénédiction avant de mourir. » (Gen. 27). Joseph conduit ses deux fils Ephraïm et Menassah au chevet de leur grand-père Jacob pour qu'ils puissent recevoir sa bénédiction. Puis Jacob réunit ses douze fils et prononce son testament éthique. D'innombrables parents à travers les âges ont ainsi fait à leurs enfants avant de mourir leurs dernières recommandations sur l'unité familiale, la loyauté envers les traditions religieuses et les impératifs éthiques.

Chacune de ces procédures — le repentir, la confession, la mise en ordre des affaires matérielles, la bénédiction de la famille et les recommandations éthiques — tient compte des besoins théologiques, pratiques et émotionnels du patient terminal. Elles permettent au patient d'exprimer ses peurs, de trouver le réconfort et la force intérieure et de communiquer de façon signifiante avec ses proches.

La seconde interrogation se rapporte à l'inévitabilité de la mort comme phénomène naturel et à la possibilité pour l'homme d'y intervenir ou de s'y impliquer. Qu'en est-il de la responsabilité morale de prolonger la vie et quand nous sentirons-nous libres de laisser l'ange de la mort accomplir sa tâche?

Les derniers progrès spectaculaires de la science et de la technologie médicales n'ont pas toujours des résultats heureux. L'attitude de la médecine est de prolonger la vie, presque à n'importe quel coût. Plusieurs de ceux qui ont écrit sur le sujet ont remarqué que, d'une certaine façon, la mort d'un patient apparaît comme un échec de l'art médical et de son praticien. Il faut garder à l'esprit l'idée « que les attitudes et les techniques mises au point dans la bataille contre la mort prématurée ne conviennent plus tout à fait quand il s'agit d'aider le patient âgé à s'adapter à son nouvel état physiologique et psychologique. » (Dr Robert S. Morison, *Scientific American*, septembre 1973, p. 55) Le médecin et la famille font face à un dilemme moral où ils ont souvent à accepter la mort comme résultat naturel des événements. Quand la médecine préventive et curative a prolongé la vie jusqu'au moment où la détérioration chronique de la vieillesse ou les ravages de la maladie viennent réclamer leur dû, le médecin doit consentir à se désister. Il nous reste alors la tâche humaine d'assurer au mourant tout le confort possible pendant que la nature suit son cours éternel.

L'expression « la mort dans la dignité » est en train de devenir le cri de ralliement de ceux qui proposent des formes actives ou passives d'euthanasie. Il est clair que la *hallacha* fait de l'euthanasie un meurtre pur et simple. Il est formellement interdit de hâter la fin du patient par quelque acte volontaire. Il faut rappeler à l'attention du lecteur la distinction hallachique entre les deux stades de « maladie terminale » et de « mourir » dont nous avons parlé plus haut. Durant la première phase, il faut faire tous les efforts, même les plus extraordinaires, pour soutenir et prolonger la vie. La situation varie quelque peu dans la deuxième phase, la phase finale ; le mandat n'est pas si clair. Les gloses de Isserles au Shulchan Aruch indiquent clairement que :

> *S'il y a une force extérieure qui empêche l'expiration de la vie (litt. 'la sortie de l'âme du corps'), il est permis de l'enlever.*

Il faut donc se demander si cela permet d'enlever les mesures extraordinaires et les instruments qui soutiennent mécaniquement la vie physiologique d'un mourant. Dans son étude sur l'*Ethique médicale juive*, le rabbin Immanuel Jacobovits suggère qu'une telle action serait hallachiquement acceptable :

> *La loi juive permet, et exige peut-être même, d'enlever tout facteur — extérieur ou non au patient lui-même — qui retarde artificiellement son décès dans la phase finale. On pourrait tenter d'en conclure qu'il serait légal de provoquer la mort d'un patient incurable à l'agonie en lui retirant les médicaments qui prolongent artificiellement sa vie ; la philosophie morale catholique envisage aussi ce problème. Nos sources ne se réfèrent qu'à des cas où la mort semble imminente ; on ne peut donc pas affirmer clairement qu'elles tolèrent cette forme modérée d'euthanasie, mais on ne peut l'exclure non plus. (pp. 123-4)*

On prête à un maître hassidique, le rabbin Nahman de Bratislav, le commentaire que « le mort doit s'amuser des vivants qui le pleurent comme pour lui dire : il eut mieux valu que tu vives plus longtemps et que tu souffres plus ». La sensibilité nous fait comprendre que nous ne sanctifions pas la vie et n'aidons pas le patient en prolongeant la souffrance et l'angoisse qui font souvent partie des affres de la mort. La tradition juive présente la mort de Moïse comme la mort idéale. Il expira comme en un baiser. Un don divin lui épargna toute agonie. L'esprit et la lettre de la *hallacha* permettent donc au médecin et à la famille de soulager la souffrance physique et la détresse émotionnelle du mourant par des actes d'omission, spécialement l'interruption des mesures héroïques qui emploient des systèmes mécaniques pour soutenir la vie.

C'est un axiome qu'il faut juger chaque cas en soi, en tenant compte des jugements médicaux objectifs et des considérations subjectives quant aux besoins du patient et à sa condition physique et émotionnelle. Comme le Dr Robert Morison l'a noté : « La médecine peut retarder la mort, mais c'est souvent simplement pour prolonger l'agonie. » (op. cit.) La science et la technologie qu'elle a produite ne sont plus dégagées des valeurs, ni dispensées de faire face aux décisions et aux problèmes moraux qui doivent guider leur application aux situations humaines. Il faut porter ces jugements dans le contexte d'une philosophie morale qui tienne compte non seulement de la situation éthique immédiate, mais encore de ses ramifications à long terme. La tradition juive étudie depuis longtemps les principes qui sous-tendent ces questions.

Les programmes contemporains qui visent à soulager la misère des malades terminaux et des mourants sont tout à fait en harmonie avec les enseignements de la tradition juive qui souligne la normalité de ces événements dans le cycle de la vie. Le soutien continu de la famille et de la communauté, qui accomplissent le mitzvah de « Bikkur Cholim » en visitant le malade dans l'esprit de la tradition religieuse, maintient l'équilibre émotionnel du patient. Et quand la mort, fin naturelle de l'existence humaine, arrive immédiatement, elle est acceptée comme le décret de la mortalité humaine par le Juge éternel et juste.

La vision juive de la mort : la conduite du deuil*

Audrey Gordon

Le texte précédent exposait comment la loi et la tradition juives fournissent un cadre humain pour aider le juif mourant à trouver le réconfort, la paix et l'occasion de mettre un terme à ses affaires en suspens et de communiquer avec ses proches. Le suivant nous amène après la mort et décrit les processus mis de l'avant par la loi et la tradition juives pour offrir aux proches du défunt une structure permettant de pleurer sa perte et de se réintégrer dans la communauté des vivants.

J'espère que les articles de ces deux auteurs juifs aideront nos lecteurs non juifs qui travaillent avec des mourants à être plus compréhensifs et peut-être moins évasifs quand ils entrent dans la chambre d'un patient d'une religion différente. On pourrait trouver dans la philosophie d'un peuple qui a une si longue histoire de cohésion dans la foi, les grandes lignes qui nous aideraient à définir humainement et à satisfaire, quelle que soit notre propre religion, les besoins des mourants et de ceux qui portent le deuil d'un proche.

Le concept biblique de sagesse (Chockmah) ne signifie pas une sagesse philosophique ni une abstraction métaphysique. La sagesse de la bible consiste à faire ce qui convient dans chaque situation. C'est en ce sens que l'approche juive de la mort et les pratiques de deuil juives sont « sages » : elles fournissent un cadre de référence complet où

---

* Originellement publié sous le titre *The Psychological Wisdom of the Law*, dans *Jewish Reflections on Death*, ed. Jack Riemer. (c) 1974 by Schocken Books Inc.

l'homme apprend à accepter la mort, à vivre un deuil complet et à revivre pleinement.

La loi juive rappelle à la famille et à la communauté qui font face à la mort d'un des leurs qu' « on considère un mourant de la même façon qu'un vivant, à tous points de vue. »[1] Mais dans la culture américaine d'aujourd'hui, on traite la mort comme si c'était un royaume distinct. L'Amérique est une société qui, pour l'essentiel, nie la mort ; c'est pourquoi nous traitons les mourants autrement que les vivants. Nous les évitons, ou nous évitons une communication honnête avec eux. Nous essayons de leur épargner les problèmes de la vie quotidienne et les privons du même coup de ses joies. Le mourant vit seul dans un environnement artificiel créé par ceux qui ne veulent pas assumer le fait de la mort et son inévitable appel à tous les vivants.

La *hallacha* interdit cette attitude malhonnête. Il faut traiter le mourant comme on l'a toujours traité, comme une personne complète capable de diriger ses propres affaires et capable jusqu'à la mort d'entrer dans des relations humaines complètes. La tradition juive de ne jamais quitter le chevet des mourants a de plus une immense valeur non seulement pour le mourant, mais aussi pour ceux qui resteront endeuillés. Comme on doit se sentir impuissant et coupable en apprenant la mort d'un proche, surtout s'il n'y avait personne pour soulager la peur de l'inconnu et la souffrance de la séparation. Du fond de la culpabilité, toutes sortes de questions remontent à l'esprit : « A-t-on fait tout ce qui était possible ? » « Pourquoi le médecin ou l'infirmière ne sont-ils pas arrivés plus vite ? » « Y a-t-il quelque chose que j'aurais pu faire ? » « A-t-il souffert ? » « Pourquoi est-il resté seul ? » Et ces questions recouvrent une autre série de questions : « Est-ce que je souffrirai ? » « Est-ce que je serai seul ? » « Y aura-t-il quelqu'un pour s'occuper de moi même si je ne me suis pas occupé de lui ? » Le judaïsme protège ceux qui restent de cette culpabilité, car la communauté participe au soin des mourants, si bien qu'ils ne sont jamais laissés seuls. La communauté fournit l'assurance que tout ce qu'il fallait faire a été fait.

---

[1] Dov Zlotnick, *The Tractate : Mourning*, Yale Judaica Series, Vol. XVII, New Haven, Conn., 1966, page 31.

Dans la mesure même où je fais partie de la communauté, j'étais bel et bien là quand il est mort et je n'ai donc rien à craindre.

La veille au chevet des mourants a un autre but. Quand la mort approche et que le cycle de la vie tire à sa fin, il se produit une crise de foi. On pousse le mourant à faire une confession personnelle comme *rite de passage*[a] vers une autre phase de l'existence. Ce type de confession se produit tout au long de la vie juive, à chaque nouveau stade. Ainsi nous confessons-nous le Jour des propitiations, alors qu'une année de vie se termine et qu'une autre commence. Ainsi traditionnellement, les époux se confessaient et jeûnaient le jour de leur mariage, sentant que ce jour marquait la fin d'une étape de leur vie et le commencement d'une autre. La confession sur le lit de mort marque la reconnaissance de la fin d'un cycle et du début d'un autre. Cet acte et la récitation de la *Shema* dans les derniers moments aident à affirmer la foi en Dieu au moment précis où elle est le plus éprouvée, et aident le mourant à se concentrer sur les rituels les plus familiers de sa vie au moment où il aborde l'expérience la plus mystérieuse et la plus insondable de celle-ci. C'est un réconfort pour lui comme pour ceux qui partagent sa veille

S'il est sage d'observer ainsi réellement la mort, c'est qu'on ne peut plus ensuite en nier la réalité. Les psychiatres savent que ce sont les parents de ceux qui disparaissent ou meurent au combat et dont on ne retrouve pas les corps qui ont le plus de mal à se remettre de leur deuil et qui sont le plus vulnérables à la tentation de nier la réalité de la mort. Le judaïsme ne permet pas à celui qui est dans le deuil de fuir la réalité de la mort et lui enjoint donc d'y assister, puis le conduit à travers tout un réseau de procédures d'enterrement et de deuil pour l'aider à assumer la mort. Il se trouve en harmonie avec la littérature psychiatrique où abondent les exemples des effets désastreux de la dénégation de la mort et de la répression du deuil. Les sages talmudiques semblent avoir senti, il y a des siècles, la vérité qu'expriment aujourd'hui les psychiatres, à savoir que « la reconnaissance de la mort est nécessaire à la pour-

[a] En français dans le texte (N. d. tr.)

suite de la vie, et le deuil est un processus nécessaire à un fonctionnement psychologique normal[2]. »

Quand la mort arrive, la loi juive exige qu'on fasse immédiatement des plans pour l'enterrement. Elle reste ainsi en accord avec l'ancienne croyance qu'il serait gravement irrespectueux et déshonorant de ne pas enterrer les morts. La planification des funérailles est une activité nécessaire pour l'*onen*, celui qui porte le deuil. Il réaffirme ainsi au début du processus de deuil son affection pour le mort par des actions qui servent en même temps à dépasser son désir d'identification et d'incorporation à l'être aimé perdu. Par ces actions, l'*onen* prend conscience qu'il n'est *pas mort*, ni immobile ni sans vie, comme il pourrait le désirer ou avoir l'impression de l'être, consciemment ou inconsciemment.

Durant la première période du deuil, le survivant éprouve le désir intense de faire tout ce qu'il peut pour le mort. La tradition juive répond à ce besoin en lui donnant la responsabilité de prendre toutes les dispositions pour les funérailles, plutôt que de lui éviter ou lui épargner ces tâches. Elle dispense même l'*onen* de l'obligation d'accomplir les actes religieux qui sont obligatoires tous les autres jours de sa vie, afin qu'il puisse se consacrer entièrement à ces préparatifs et dispositions des funérailles.[3]

Des funérailles selon la *hallacha* rappellent que la mort est bien la mort. L'enterrement juif se distingue par son réalisme et sa simplicité, faisant nettement contraste avec le rituel funéraire américain qui, comme le disait le Dr Vivian Rakoff, « est construit de façon à nier toutes ses implications les plus évidentes[4]. » Les coutumes américaines modernes comme l'exposition du corps, le maquillage, les cercueils luxueusement coussinés et satinés et le tapis vert artificiel qui cache aux regards la terre nue de la tombe sont autant de façons nous permettant d'éviter de faire face à la réalité de la mort. Il faut déplorer pareillement d'autres pra-

---

[2] Vivian M. Rakoff, *Psychiatric Aspects of Death in America*, in *Death in American Experience*, Schocken Books, New York, N.Y., 1974, p. 159.

[3] Shubert, Spero, *Journey Into Light : A Manual for the Mourner.* The Spero Foundation, 1959, p. 22.

[4] Rakoff, op. cit., p. 158

tiques qui relèvent de la même attitude, comme de faire prendre des calmants aux personnes en deuil, de les éloigner au plus tôt de la tombe et de ne pas emmener les enfants au cimetière. Tout cela ne sert qu'à renforcer le sentiment d'irréalité : « Cela n'est pas vrai » ou « Il n'est pas vraiment mort ». Le Juif américain qui adopte ces coutumes se prive lui-même de vivre le deuil bienfaisant et soulageant intégré dans les funérailles juives. « Il faut attirer l'attention du public sur le tort que la dénégation de la mort au salon funéraire fait aux parents survivants et affirmer la convenance de l'expression passionnée du deuil[5]. »

La simplicité de l'enterrement juif évite un autre piège psychologique. La religion prescrit un simple cercueil sans ornement et des funérailles sans ostentation, ce qui évite à la famille des dépenses excessives pour des motifs irrationnels. De telles dépenses servent souvent à la famille à réprimer sa culpabilité au sujet de la façon dont le mort a été traité ou à se défendre contre sa colère à l'égard de l'être aimé qui les a abandonnés. Il faut vivre ces sentiments comme une étape normale du processus de deuil pour pouvoir plus tard se rappeler le défunt sans réaction de fuite ou de douleur. Il est extrêmement important que les membres de la famille résolvent leurs sentiments ambivalents envers le mort s'ils veulent éviter des dommages psychosomatiques ultérieurs[6].

---

[5] Rakoff, *ibid.*, p. 160. Je ne suggère pas que le directeur de pompes funèbres devrait refuser ces pratiques à la famille qui en fait la demande explicite, mais seulement que la famille devrait apprendre la tradition juive. À ma connaissance, les directeurs de pompes funèbres sont tout à fait prêts à faire pour la famille qui le désire des funérailles dans la forme et l'esprit de la tradition juive.

[6] « Il y a toujours dans le deuil aigu un élément de culpabilité, qui vient sans doute de l'ambivalence de la relation d'amour, où on se donne et on se satisfait en même temps, où on cherche la mutualité entre l'amant et l'aimée, et aussi du ressentiment à cause de la perte de liberté que l'amour entraîne inévitablement. La mort de l'objet aimé libère ces sentiments et entraîne la culpabilité. » Edgar Jackson, « Grief and Religion », in *Death in American Experience*, op. cit., p. 223. L'article fondamental sur ce sujet reste celui du Dr Erich Lindemann : « Symptomatology and Management of Acute Grief », *American Journal of Psychiatry*, 101, septembre 1944, où le Dr Lindemann expose ce qu'il a appris en traitant les survivants du grand incendie de Coconut Grove, à Boston. Cette étude explorait un territoire nouveau et créa un intérêt pour l'étude scientifique des réactions de deuil et des attitudes devant la mort.

J'ai moi-même dirigé des entrevues thérapeutiques avec des gens ainsi atteints de diverses formes de cancer et de colite ulcéreuse, chez qui on pouvait situer l'apparition de la maladie à une période consécutive à un deuil traumatique qui n'avait pas été pleinement affronté et résolu. Dans chaque cas, le patient faisait preuve d'ambivalence et d'un deuil non résolu. Une femme dans la soixantaine avancée avait par exemple été hospitalisée pour de graves douleurs abdominales auxquelles on ne trouvait pas de cause physiologique. Une consultation psychiatrique préliminaire indiquait qu'elle était gravement déprimée et en cherchait la cause dans son âge et sa dépendance excessive. Mais ma conversation avec elle me révéla qu'elle n'avait pas assisté aux funérailles de sa fille morte du cancer quatre ans plus tôt. Elle n'avait jamais assumé la réalité de la mort de sa fille et sentait de quelque façon que Dieu la punissait de n'avoir pas assisté aux funérailles. Sa souffrance d'aujourd'hui était (dans son esprit) sa punition pour ce qu'elle avait négligé de faire jadis. Nous entreprîmes le processus de deuil et elle exprima sa culpabilité et sa colère envers sa fille qui l'avait abandonnée en mourant; ses symptômes physiques se mirent à diminuer et elle put bientôt rentrer chez elle. Elle éprouvait encore quelque douleur, mais savait que c'était une douleur émotionnelle; une thérapie était indiquée. Son rabbin s'offrit pour l'aider à continuer à passer au travers de l'expression longtemps retenue de son deuil.

Dans un cas bien plus tragique, un homme de vingt-huit ans refusa qu'on pratique sur lui une intervention qui lui aurait sauvé la vie en arrêtant la progression d'un cancer. Son fils de deux ans était mort de leucémie trois mois plus tôt et le deuil de ce père était si accablant et irrésolu et son identification à son fils si complète qu'il ne désirait plus continuer à vivre. Sa famille fut incapable de le dissuader et il mourut peu après.

Le geste de deuil juif le plus frappant est celui par lequel la personne en deuil déchire ses vêtements avant le service funèbre. C'est une occasion de soulagement psychologique. Ce geste de destruction contrôlé et sanctionné par la religion permet à la personne en deuil de ventiler sa colère et son angoisse accumulées[7].

La *kriyah*, le déchirement des vêtements, est un symbole visible et dramatique du déchirement intérieur que la personne en deuil vit dans sa relation avec le défunt. Même après la *shivah*, on ne raccommode pas complètement les vêtements pour que l'extérieur laisse voir la cicatrice de la blessure intérieure qui se guérit. Des rappels comme celui-là provoquent constamment des réactions de deuil alors même que la personne reprend lentement le rythme ordinaire de la vie.

Le judaïsme s'oppose à la répression des émotions et enjoint à la personne en deuil d'exprimer ouvertement sa souffrance et sa peine. Il y a dans les funérailles plusieurs signaux pour la manifestation de la douleur. L'oraison funèbre rappelle aux survivants ce qu'ils ont perdu. Sa fonction traditionnelle était de provoquer les larmes. La prière familière prend maintenant une actualité qui fend le cœur, alors que pour la première fois, c'est le nom du mort qui apparaît dans la *El Maley Rachamim* entendue tant de fois déjà. La récitation de la *Kaddish* au cimetière touche les cœurs de tous ceux qui ont vécu un deuil et ils s'unissent dans une douleur collective avec celui que le deuil vient de frapper, pour affirmer la volonté et la gloire de Dieu.

La récitation de la *Kaddish* joue un rôle si important dans le processus du deuil qu'on devrait permettre aux femmes d'y participer sur un pied d'égalité avec les hommes. Le mouvement de libération des femmes a ouvert nos consciences et nous a sensibilisés à la façon dont les femmes ont été si longtemps privées de l'expérience religieuse, inconsciemment et inintentionnellement. Une des premières à le comprendre et à réagir fut Henrietta Szold, la fameuse fondatrice de l'Hadassah. En 1916, elle écrivait à Hayim Peretz pour le remercier de lui avoir offert de réciter la *Kaddish* pour elle et ses sœurs à la mort de leur mère. Elle y fait remarquer que c'était la tradition pour les filles de sa famille que d'accomplir ce devoir en l'absence des fils et y affirme croire que la *Kaddish* n'a jamais été réservée aux hommes.

---

[7] Maurice Lamn, *The Jewish Way in Death and Mourning*, Jonathan David Pub. Co., New York, N.Y., 1969, page 38.

Tous les Juifs modernes devraient prendre en modèle Henrietta Szold et son affirmation des droits et des besoins de la femme au moment du deuil, écrite plus d'un demi-siècle avant le mouvement actuel des femmes pour l'égalité.

Le trou nu béant dans la terre, prêt à recevoir le cercueil, symbolise le vide nu de la personne en deuil au moment de la séparation finale. Les parents et la communauté en deuil enterrent le mort en jetant eux-mêmes quelques pelletées de terre; ce dernier acte d'amour et d'affection soulage la douleur de la séparation. Y a-t-il un acte plus familial et plus émouvant que cette «mise au repos», comme des parents qui endorment leurs enfants le soir... J'ai vu des gens en deuil regarder, pétrifiés, les employés du cimetière remplir la fosse d'un air blasé jusqu'au moment où, n'en pouvant plus, ils leur arrachèrent les pelles des mains et terminèrent l'enterrement eux-mêmes.

L'enterrement terminé, l'intérêt de la communauté se reporte sur le survivant et le deuil s'intensifie. «Le deuil est essentiellement un processus par lequel on désapprend à s'attendre à la présence du défunt[8].» En rentrant du cimetière, la personne en deuil trouve un «repas de récupération» qui l'attend. Ce repas a plusieurs buts. C'est d'abord un signe de solidarité communautaire par lequel les autres assurent au survivant qu'il n'est pas seul et qu'ils sont là pour le soutenir maintenant qu'il a perdu qui était son soutien dans la vie. Et puis c'est une réaffirmation de la vie, qui force le survivant à reconnaître que sa vie à lui continue, même s'il peut avoir pour l'instant l'impression qu'elle a fini avec la perte de l'aimé. Ce premier repas obligatoire est une expérience de resocialisation et de désapprentissage. Jusqu'ici, on permettait à la personne en deuil de se retirer dans sa peine, sa souffrance et son identification avec le défunt, mais maintenant la communauté revient le chercher pour le remettre sur le chemin de la vie pleinement vécue.

Avec ce premier repas commence la semaine de *shivah*, l'institution par laquelle la tradition fait progresser le deuil efficacement. Le deuil commence par l'expression des

---

[8] Rakoff, op. cit., p. 159

sentiments ; on raconte les événements qui ont conduit à la mort, et de là on remonte aux souvenirs de la vie. Edgar Jackson, écrivant en dehors de la tradition juive, emploie sans le savoir des termes qui conviennent à l'expérience de la *shivah* en disant : « Il est important pour la personne en deuil d'avoir un cadre de référence stable où exprimer tous les sentiments que provoque en elle la perte de l'aimé. Il importe aussi que le moyen d'expression corresponde aux besoins de l'âme. L'expression religieuse y satisfait en permettant les réactions émotionnelles qui découlent de la mémoire du groupe et du soutien du groupe, qui justifient les sentiments de douleur profonde sans exiger d'explication, tout cela à un niveau qui n'atteint pas le seuil de la conscience[9]. »

La *shivah* réunit les survivants pour raconter et revivre leurs expériences de la mort et partager de nouveau leurs souvenirs du temps où le cercle familial était complet. Les visites de condoléances donnent à la personne en deuil l'occasion de raconter son histoire plusieurs fois à des gens différents, qui tous ont appris à laisser la personne en deuil parler en premier, de sorte que la conversation se centre sur ce qui l'intéresse. On ne demande pas au visiteur de dire des phrases toutes faites, mais seulement d'écouter et de laisser ainsi le survivant exprimer ses sentiments. Si une personne en deuil ne trouve pas de mots pour s'exprimer, le visiteur la réconfortera en partageant son silence et sa présence physique. Quand il n'y a plus de mots, on ne cherche ni à bavarder, ni à penser à autre chose. Le silence a sa propre éloquence, parfois plus précieuse que les paroles.

Le judaïsme distingue des niveaux et des stades de deuil et divise l'année de deuil en trois jours de deuil profond, sept jours de deuil, trente jours de réadaptation graduelle et onze mois de souvenir et de guérison. Ainsi la personne en deuil est tirée de son isolation temporaire et amenée à assumer de plus en plus de responsabilités et de tâches personnelles et communautaires, si bien qu'à la fin de l'année, elle s'est réinsérée dans la communauté et a accepté sa perte, même si elle n'a pas oublié.

---

[9] Jackson, op. cit., p. 224.

Les coutumes et les traditions de deuil sont nombreuses dans le judaïsme. Certaines sont vraiment *hallacha*, d'autres sont des coutumes qui se sont liées aux traditions au cours des siècles. Peu importe leurs origines, ces traditions sont utiles aux familles qui en font le moyen d'exprimer leur peine et d'accepter leur deuil. Toute pratique de deuil devrait viser à l'expression la plus entière possible de la douleur et donner à la famille et à la communauté une occasion de refaire après la perte d'un de ses membres l'unité qui lui permettra de continuer à s'aimer et à travailler. « L'expression du sentiment ne doit conduire ni au désespoir ni à la séparation d'avec la communauté, mais plutôt à légitimer et à faciliter le retour et le réinvestissement du capital émotionnel dans les prochains chapitres de la vie[10]. »

La tradition juive, riche de siècles d'expérience, de souffrance et de survivance, offre tout un ensemble de moyens d'affirmer la vie en face de la mort. La sagesse de cette tradition nous permet d'exprimer notre douleur, de renforcer les liens familiaux et communautaires, d'honorer Dieu et d'accepter Sa volonté.

Le jour où la mort frappera à ta porte
Que lui offriras-tu ?
Je déposerai devant mon invité le vase plein de ma vie.
Je ne le laisserai jamais partir les mains vides...

Rabindranath Tagore

10 Jackson, op. cit., p. 231.

La mort qui met fin à la mort dans l'hindouisme et le bouddhisme*

J. Bruce Long, Ph. D.

Les textes précédents de ce chapitre traitaient principalement des façons de mourir de diverses cultures, des attitudes et des rituels qui entourent la mort. Celui-ci au contraire est plutôt une étude philosophique sur le sens de la mort dans l'existence humaine. C'est une étude historique particulièrement fascinante du développement d'une philosophie de la vie et de la mort dans une culture différente de la nôtre à bien des égards. À notre époque où augmente l'intérêt pour la religion et la philosophie orientales, non comme substituts de nos idées familières mais plutôt comme sources d'idées complémentaires à intégrer aux nôtres, cette étude devrait offrir ample matière à réflexion. Certains trouveront dans ces descriptions de la mort, de la vie après la mort et de sa relation à la vie sur terre, une explication du rapport entre la vie et la mort plus consolante que celle qu'offrent la plupart des religions occidentales. Tous devraient y voir un contraste intéressant à la tendance occidentale actuelle à dissocier la mort de la vie.

Un des faits les plus ironiques de notre époque, où l'on fait partout des efforts héroïques pour découvrir les moyens de vaincre la mort ou d'en retarder le plus possible l'échéance, est l'apparition d'une préoccupation omniprésente au sujet de la mort dans la littérature, le journalisme, la télévision et le cinéma contemporains. Comme si l'homme moderne en était arrivé à croire qu'il pourra ré-

---

* «La mort qui met fin à la mort dans l'hindouisme et le bouddhisme», par J. Bruce Long, Ph.D. (c) 1975 par J. Bruce Long. Cet essai, écrit spécialement pour le présent volume, est publié avec la permission de l'auteur.

duire la mort au néant et la rendre inoffensive en en parlant jusqu'à épuisement.

La fiction, le théâtre et le cinéma contemporains révèlent au moins deux grandes images de la mort. La mort y apparaît, d'une part, comme un ancien ennemi que le génie technique et scientifique de l'homme est en train de soumettre enfin, après des siècles de combat sans résultats. On y voit la mort, d'autre part, comme un vent glacé qui souffle où il veut, éteint la flamme de la vie en tous ceux qui se trouvent sur son passage et laisse à ceux qui restent le sentiment que la vie n'est qu'un flot inextinguible d'ennui ou d'angoisse.

Un des personnages de la pièce de Tom Stoppard, *Rosencrantz et Guilderstern sont morts*, expose en des termes frappants cette dernière image de la mort comme annihilation totale, dénuée de tout caractère rédempteur. Guilderstern anticipe sa propre mort avec des commentaires d'une douloureuse ironie : « Non, non. Ce n'est pas cela. La mort n'est pas romantique... la mort n'est pas quelque chose... la mort est... rien. C'est l'absence de présence, rien de plus... le temps sans fin de ne jamais revenir... un trou qu'on ne voit pas, et quand le vent y souffle, il ne fait aucun son. »

L'image dominante de la mort dans l'hindouisme et le bouddhisme contraste nettement avec cette vision moderne. Les hindous et les bouddhistes ne voient absolument pas la mort comme « le temps sans fin de ne jamais revenir » ni « l'absence de présence ». Cet article vise à étudier quelques-unes des idées dominantes de ces deux religions orientales sur la mort et ce qui la suit; et à souligner certaines de ces notions que nous croyons utiles à l'homme moderne qui cherche à retrouver le sentiment que la mort fait partie intégrante et signifiante de la vie humaine.

1. Mort et renaissance dans l'hindouisme

A. La victoire sur la mort par le sacrifice dans les Védas. La première phase de la religion indienne nous est accessible par un groupe de textes sacrés qu'on appelle les *Védas*, mot qui signifie « savoir sacré ». Ces écritures décrivent l'univers comme un cosmos vaste, généreux et unifié, symbolisé par l'image du couple divin originel, le Ciel-Père et la Terre-Mère unis dans une étreinte perpétuelle. L'ordre et la régularité du fonctionnement cosmique se ramènent au concept de la Loi universelle (Rta) qui exerce une souveraineté absolue sur le cosmos en général et sur la société humaine.

Le culte du feu était au centre de la religion des peuples védiques. Les pratiques officielles de cette tradition religieuse consistaient en la présentation d'offrandes sacrificielles sur l'autel du feu, qui lui-même symbolisait l'univers entier ramené à des dimensions microformes. On adressait aux diverses déités dont on croyait qu'elles incarnaient ou qu'elles étaient étroitement reliées aux forces de la nature (le soleil, la lune, le vent, la pluie, etc.) des hymnes, des louanges, des prières et des demandes. Le sacrifice semble avoir été une sorte d'entente contractuelle entre les hommes et les dieux, selon laquelle les dieux, en échange de l'offrande de quantités généreuses de louange et de nourriture, fournissaient à l'humanité les biens nécessaires à une vie convenable.

La religion védique était d'esprit pratique dans sa façon générale de prendre le monde ; ses prières, ses hymnes et ses rites affirment de façon extrêmement saine la réalité et la bonté de ce monde. On y trouve peu de signes de la lassitude existentielle et de la mélancolie spirituelle qui caractériseront plus tard les Upanishads. On invoquait les dieux pour des biens matériels : abondance de la nourriture et de la postérité, longue vie, protection des attaques des ennemis extérieurs. Un certain degré de conscience du mal et du péché se révèle dans la notion que la personne qui néglige d'accomplir les sacrifices voulus ou transgresse la loi morale-sociale agit injustement (*anarta*), c'est-à-dire contrairement aux exigences de la Loi universelle (Rta). Le dieu lieur Varuna tenait tout l'univers dans ses nœuds (*pasas*) et imposait ainsi l'obéissance à l'ordre cosmique. Il dirigeait aussi une armée d'espions qui observaient les actions des hommes, les soumettaient au jugement de Varuna et attachaient dans ses nœuds ceux qui transgressaient la loi de l'ordre cosmique et social. La fonction première de Varuna était donc de maintenir l'ordre et la loi dans l'univers, mais il ne s'occupait pas encore du jugement post-mortem des œuvres humaines.

Il y a peu de mentions de la mort dans les hymnes védiques. Quand les sages y font allusion, c'est d'ordinaire pour demander que la mort frappe leurs ennemis et les laisse vivre longtemps, eux et leur famille. Quand ils parlaient de la vie après la mort, les peuples védiques imaginaient qu'elle avait lieu dans un royaume où allaient ceux qui, durant leur séjour sur terre, avaient plu aux dieux. Ils s'attendaient à jouir, dans ce royaume surnaturel très éloigné du domaine de la vie humaine, de plaisirs qui continuaient ceux de la terre, en différant par la quantité et la durée mais non par le contenu. Dans les cercles plus savants, on identifiait la mort à l'annihilation ou au non-être (*asat*). La vie se vivait sous l'égide de la loi universelle et ceux qui avaient obéi à ses commandements pouvaient s'attendre à prospérer dans l'au-delà. En mourant, on quittait les frontières de la loi cosmique pour un royaume de néant. Les textes sacrés ne portent guère à croire que les peuples védiques aient éprouvé devant l'inévitabilité de la mort une crainte ou une angoisse plus profonde que celle qui leur faisait recourir à des hymnes de louange et à des offrandes sacrificielles pour en retarder le plus possible la venue. Ils souhaitaient surtout que la mort « voyage par sa route propre séparée de la route des dieux » et « se tienne loin des vivants » (RV X. 18).

Quant à l'eschatologie ou aux croyances au sujet de la fin d'un Âge de l'univers, les peuples védiques demandaient grâce à Yama, dieu des morts, que l'on disait le « premier des mortels à mourir et à entrer dans l'autre monde ». Les Védas contiennent des affirmations contradictoires à l'effet que le Royaume de Yama se trouvait à la fois au milieu du ciel, ou dans la demeure de la lumière éternelle (le soleil) au plus haut des cieux, et dans les régions souterraines de la terre où habitent les ancêtres (*pitrs*). Dans la première époque de la littérature, cet « autre royaume » apparaît comme un paradis éblouissant où rayonne une immortelle lumière céleste, un royaume où Yama s'asseoit avec les dieux près d'un figuier céleste pour boire l'eau d'un fleuve magique. Dans la suite du Rig-Véda et dans les textes ultérieurs, le monde de Yama apparaît plus sombre et grotesque : c'est le monde de la « noirceur ultime », de la « noirceur aveugle », que gardent deux chiens féroces dotés chacun de quatre yeux et qui mettent à l'épreuve tous ceux qui se présentent. Un des hymnes décrit une sorte d'enfer, le « monde d'en bas », habité de lutins femelles et de sorcières et opposé au royaume céleste des dieux.

On ne trouve qu'une seule fois dans les écritures l'idée que l'âme du défunt soit pesée sur une balance et récompensée ou punie selon ses actes bons ou mauvais. « Dans ce monde (les actes bons et mauvais) sont posés sur les plateaux d'une balance. Selon qu'elle penche vers le bien ou le mal, les conséquences suivent. Mais *celui qui sait* fait déjà pencher la balance dès ce monde-ci et la pesée n'est plus nécessaire dans l'autre monde ; ses bonnes œuvres l'emportent sur les mauvaises. » On trouve aussi exprimée dans les textes rituels tardifs la croyance que tous, bons et méchants, renaissent dans l'autre monde où ils sont récompensés selon leurs actions. Si l'agent et la forme de la rétribution *post-mortem* restent obscurs dans la littérature védique, il est clair que le défunt recevait quelque récompense ou châtiment et que la fidélité à accomplir les rites et le comportement moral déterminaient la qualité de la vie après la mort.

Notons en passant l'apparition dans les textes védiques tardifs d'une idée importante, à laquelle la notion de transmigration de l'âme donne toute sa portée bien plus tard dans les Upanishads : l'idée de la seconde mort (*punarmrtyu*) qui est le triste sort de ceux qui durant leur vie ont négligé d'accomplir les sacrifices voulus. À cause peut-être de la migration des peuples védiques dans des territoires étrangers et inconnus, ou des ravages de la guerre contre leurs ennemis, ou encore de la répétition des désastres naturels qui ébranlaient leur confiance dans les bonnes intentions des dieux, on voit apparaître une conscience profonde de la brièveté et de la fragilité de la vie et de la certitude de la mort, qui commence, dès cette époque, à mettre en doute la permanence du bien-être *post-mortem* et à faire craindre d'avoir à refaire sans cesse la pénible expérience de la mort. Cette idée de la « re-mort » tire son importance du fait qu'elle représente peut-être un premier aperçu de la doctrine de la transmigration (*sāmsara*) qui implique pour les âmes enfermées dans l'ignorance (*avidyā*) une suite sans fin de vies et de morts.

En général, on peut donc dire que les peuples védiques manifestent dans leur littérature sacrée une image du monde affirmative et vigoureusement réaliste, une attitude envers les dieux tout à fait pragmatique, visant à leur assurer une vie convenable et relativement confortable en ce monde, et en même temps une acceptation *volontaire* ou au moins une résignation stoïque au destin de la mort. La vie de chaque personne était une occasion unique, qui ne se répéterait jamais. Ce qui de la personne survivait à la mort était conduit au pays des morts et y recevait des fruits de ravissement ou de souffrance selon les mérites que lui valaient ses accomplissements ou ses échecs moraux et rituels. L'autre monde, qui au début était à la fois le ciel et l'enfer, fut plus tard divisé pour assurer la récompense des bons et la punition des méchants. Yama, le dieu des morts, envoyait ses émissaires inviter ceux qui se mouraient à le rejoindre dans son royaume céleste où il leur assurerait le bien-être éternel.

B. La transcendance de la mort par le savoir ésotérique dans les Upanishads. On voit apparaître vers les dernières phases de la période védique (VIIe-VIe siècles av. J.C. env.) une série d'innovations dramatiques qui finirent par changer complètement le caractère de la religion indienne. Une insatisfaction croissante à l'égard des institutions religieuses établies, du rôle central du sacrifice brahmanique et de l'autorité dominante des brahmanes fit apparaître de nouvelles «écoles de pensée» qui cherchaient d'abord à découvrir un principe de pensée et de vie qui offrirait une explication de la nature de l'homme et du monde plus adéquate que l'idéologie qui entourait le sacrifice. La découverte la plus créatrice et influente à émerger de cette série de mouvements (que résument les Upanishads) fut la notion qu'il existe, caché sous le mode d'être constamment changeant qui caractérise et l'homme et l'univers, quelque chose d'éternel et d'immuable qui non seulement soutient mais *constitue* la nature de tout ce qui vit.

On trouve une des tentatives les plus intéressantes pour définir cette essence immuable et indivisible de l'homme dans la Chāndogya Upanishad VIII, 7-12, où Prajāpati (le dieu suprême de la littérature védique tardive) instruit Indra (représentant les dieux) et Virocana (représentant les démons) de la nature du vrai soi. Pour éprouver le savoir de ses deux élèves, Prajāpati identifie le vrai soi au soi corporel (l'organisme corps-esprit qui forme la base de l'existence humaine). Indra discerne l'erreur cachée dans cet enseignement en remarquant que le soi qui est soumis aux souffrances et aux plaisirs du corps, le soi qui périt avec le corps, ne peut pas être le vrai soi. Prajāpati informe ensuite Indra que « celui qui est heureux dans le rêve » est le vrai soi. Mais Indra comprend encore que cet enseignement est inadéquat. Les sages d'autrefois ont découvert que le véritable soi est « libre du mal, de la vieillesse, de la mort, du deuil, de la faim et de la soif », alors que ce « soi du rêve » partage entièrement les souffrances et les privations du soi physique. Prajāpati propose ensuite que le soi est l'état de l'homme « endormi, calme, serein et sans rêve ». Mais Indra lui oppose que dans cet état, il n'y a aucune conscience de soi, aucun savoir que « Je suis lui », et que la personne y est « réduite à l'annihilation ». Le soi du sommeil ne peut pas être le vrai soi.

Sentant Indra prêt à recevoir la vérité sur la nature du soi, Prajāpati la lui révèle : le corps est mortel, lié à la mort et sujet à une alternance de plaisir et de souffrance et donc incapable d'éprouver une joie véritable et durable. Le corps n'est qu'un véhicule du soi immortel. S'élevant du corps il atteint le monde de la lumière la plus haute où il apparaît dans sa propre forme essentielle comme « la Personne suprême ». Dans ce royaume, « il va et vient, il rit, il s'amuse et joue avec des jeunes filles, des chariots, des amis », libre de tout souvenir du corps. « La vie est attachée à ce corps comme un animal attelé à une charrette. » (Chāndogya 8 12.4-5) Ainsi celui qui trouve le soi et le comprend vraiment obtient par là « tous les mondes et tous les désirs ». En un mot, il obtient l'immortalité conçue comme libération des chaînes de la renaissance.

Le message de cette partie des Upanishads est essentiel à la compréhension de la conception hindoue de la mort et des moyens qu'a l'homme de s'en occuper intelligemment. La vie humaine et animale, à cause de sa liaison organique avec le corps et l'environnement physique, est victime de toutes les vicissitudes, les hasards heureux et malheureux qui sont le sort du corps. Ce soi attaché au corps subit *sans arrêt ni repos* tous les passages et transitions du plaisir à la souffrance et de la souffrance au plaisir, auxquels le corps lui-même est soumis. La mort ne peut être rien d'autre qu'une « gare de triage » entre des vies successives. On ne peut échapper à la sentence de mort (litt. « re-mort ») qu'en découvrant son identité avec le soi essentiel profond, libre du mal, de la mort et de tout le reste, l'Un absolu qui est à la fois l'existence et l'inexistence, à la fois la naissance et la mort. Celui qui découvre l'identité du *brahman* (soi cosmique) unique, immuable, immortel et innommable et de l'ātman (soi humain) immortel et immuable est libéré de la sentence de l'Éternel Retour et quand son âme quittera le monde de la temporalité, de la naissance et de la mort, elle « habitera dans le monde de *Brahman* ».

Une autre Upanishad (Brhad-āranyaka IV, 4 ss.) présente la mort de façon très visuelle. L'approche de la mort est marquée par un affaiblissement du corps, de l'esprit et des sens. Les sens de celui qui approche de la mort cessent de fonctionner normalement. Ils perdent contact avec le monde extérieur et le mourant, ramené au cœur central du soi (l'intelligence ou la conscience), perd peu à peu la perception sensorielle. Toutes les « particules de lumière » (les organes des sens) concentrées dans le cœur, le soi sort par une des ouvertures du corps avec le souffle de vie. La personne est maintenant devenue « pure intelligence » par la concentration de toutes les fonctions physiques et mentales dans le siège de la conscience (l'esprit). L'intelligence part pour le royaume de l'« espace absolu » ou le « paradis des dieux », abandonnant le corps comme un tas de matière sans vie. Et c'est de là que le soi entrera dans une nouvelle vie. Le sage conclut avec ces mots son homélie sur le départ de l'âme à la mort : « Son savoir, ses actes et son expérience passée s'emparent de lui (pour le transposer dans une nouvelle forme d'existence). »

Puis, il passe immédiatement à l'exposé de deux doctrines qui allaient plus tard devenir les idées centrales de la pensée hindoue, la doctrine de la renaissance comme conséquence des actions passées.

De même que la chenille arrivée à la pointe d'un brin d'herbe fait le pas suivant en s'élevant vers soi-même, de même ce soi, ayant rejeté le corps et dissipé son ignorance, fait le pas suivant en revenant à soi-même. Comme l'orfèvre prend une pièce d'or et lui donne une forme nouvelle et plus belle, de même ce soi, rejetant le corps et dissipant son ignorance, se fait une autre forme plus nouvelle et plus belle comme celle des ancêtres, des musiciens célestes, des dieux de Prajāpati, de Brahmā ou d'autres créatures. (Brhadāranyaka IV, 4.3-4)

Le maître déclare que ce soi est le *Brahman*. Il constitue tout ce qui existe, mais la forme précise qu'il assume dans chaque contexte et à chaque moment dépend de la qualité des actions passées. « Ce que nous devenons dépend de nos actes et de nos agissements. Celui qui fait le bien devient bon, celui qui fait le mal devient mauvais. On devient vertueux au moyen de l'action vertueuse, méchant au moyen de l'action méchante. » (Brhadāranyaka IV, 4.5) Il existe une relation causale non seulement entre les actes d'une vie et les résultats de ces actes durant la même vie, mais encore entre ces actes et les résultats qu'ils entraînent dans la vie suivante et même dans celle d'après, jusqu'à épuisement des effets de ces actes.

Selon cette philosophie, l'homme est fait de désirs. La volonté suit les désirs, les actes suivent la volonté, les résultats suivent les actes. À la mort du corps, toutes les facultés, souvenirs des expériences passées et fruits des actions passées reviennent au « corps subtil », substance éthérique qui sous-tend et pénètre le corps physique « grossier ». Ce « corps subtil » ou « esprit subtil » (car le corps subtil est constitué d'esprit) est le véhicule qui transporte les résultats des actions de l'individu (*karma*) d'une vie dans la suivante. Le corps subtil ne survit que tant que la recherche de satisfaction sensuelle dans le monde physique alimente les flammes du désir. Une fois dissipés tous les désirs (en particulier le désir de perpétuer la conscience-ego, qui est le père de tous les autres désirs), le vrai soi intérieur (*ātman*) échappe aux liens de la renaissance et de la re-mort. Il va vers *Brahman*, devient *Brahman* et accède ainsi à l'immortalité. On compare le soi qui se libère de son corps pour la dernière fois au serpent qui abandonne sa vieille peau sur une fourmilière.

Pour résumer les enseignements des Upanishads sur la mort et la renaissance, disons que l'âme ou essence spirituelle (*ātman*) de l'individu est éternelle. Les divers changements d'état d'être que subit dans chaque vie le soi phénoménal ou ego (*jiva*) ne l'affectent pas. L'organisme corps-esprit qui constitue la personne subit la renaissance à cause de sa soumission à la croyance illusoire d'exister comme entité distincte et indépendante, coupée de toute relation avec le soi universel. Le soi qui transmigre hérite des fruits des actes des vies précédentes et survit à la mort du corps pour renaître sous une forme différente. Le soi qui a réalisé son identité essentielle avec le soi universel entre dans un état de libération physique et spirituel (*moksha*). La personne qui atteint l'état de libération est libérée de l'esclavage du temps, de l'action, de la renaissance et de la re-mort. Les actions humaines, bonnes et mauvaises, n'ont plus d'effet sur sa nature spirituelle qui a atteint un état qui est «dans» mais non «du» monde du temps et de la chair, transcendant tout à fait le bien et le mal. «Quand tous les désirs qui habitent le cœur humain sont rejetés, le mortel devient immortel et atteint dès ici-bas l'état de Brahman.»

C. La réalisation de la vie par la mort dans la Bhagavad Gītā. La Bhagavad Gītā, qui en est venue à symbolyser plus que tout autre texte religieux indien l'esprit de l'hindouisme, réunit le Chemin des œuvres (*karmamārga*) des Védas et le Chemin du savoir (*jnāna-mārga*) des Upanishads et les intègre en un chemin unique et universel vers le salut. Elle introduit pour la première fois une nouvelle doctrine dans la tradition religieuse indienne, le Sentier de la dévotion (bhakti-mārga). Fidèle à la tradition des Védas, la Gītā affirme non seulement que l'action humaine est inévitable (ce que tendent à nier les adeptes du Sentier de la connaissance), mais encore que si elle est convena blement accomplie, elle peut avoir des résultats salutaires La Gītā, d'autre part, reste aussi fidèle au Sentier de la connaissance en affirmant que ce n'est pas tel ou tel type particulier d'action humaine qui détermine de lui-même tel résultat bon ou mauvais. C'est plutôt l'état d'esprit et de cœur (les motifs moraux et spirituels) qui est déterminant. Contrairement aux Upanishads, la Gītā ne contient pas l'idée que l'âme se libère de la mort en dépassant Dieu ou les dieux pour le domaine transcendantal de l'Éternel Absolu par delà toutes distinctions. Elle affirme au contraire qu'on vainc la mort et qu'on atteint l'immortalité en s'identifiant au Dieu d'amour personnel et omniscient Vishnu (sous la forme de Krishna) dans un esprit de foi et d'obéissance complète à sa volonté.

Le Seigneur Krishna réaffirme dans la Gītā le caractère éternel et immuable du vrai soi (distinct du soi «empirique»). Mais la Gītā contredit les enseignements des Upanishads en identifiant au Seigneur Krishna le soi humain et le «soi» (la nature essentielle) de tout l'univers. Krishna expose la nature du soi à son disciple Arjuna, qui se trouve frappé de terreur à l'idée qu'il doit tuer des gens de sa parenté sur le champ de bataille, en lui déclarant que celui qui croit tuer et celui qui croit pouvoir être tué se trompent tous deux. Les armes ne peuvent pas tuer le soi immortel: «Il ne naît ni ne meurt jamais; il n'a jamais commencé et ne cessera jamais d'exister : non né, éternel, infini, c'est le (soi) primordial. Il ne meurt pas quand le corps est tué.» Il ordonne à Arjuna d'accomplir fidèlement son devoir, sans reculer devant la mort. Car ce n'est pas en refusant de tuer, même ceux de sa parenté, qu'on se condamne aux peines de l'enfer, c'est plutôt en négligeant son devoir (*dharma*) envers Dieu, son prochain et l'Ordre universel. L'homme se rachète de la condamnation à la renaissance en renonçant aux fruits de ses actes et en se fiant sans réserve, dans un esprit d'indifférence au succès ou à l'échec, à la grâce du Seigneur pour effacer les effets de ses actions (*karma*). Car c'est Dieu qui est à la source de toutes les actions humaines et qui en reçoit les fruits. C'est Lui qui a le pouvoir d'annuler les effets de toutes les actions humaines et de libérer ainsi l'âme humaine immortelle et éternelle de l'esclavage de la renaissance et de la re-mort.

Résumons l'argumentation de Krishna : quoique le corps périsse et puisse se renouveler, l'âme (*ātman*) ne peut ni être blessée ni mourir. En supposant que le soi meure vraiment (ce qui n'est pas le cas), cet événement serait inévitable car tout ce qui a eu un commencement doit avoir une fin. Le devoir du guerrier est donc de se battre, de vaincre ou de périr lui-même sur le champ de bataille. Il ne sera pas soumis à la mort ni à la renaissance s'il considere également le plaisir et la douleur, le gain et la perte, la victoire et la défaite. Pour se libérer vraiment des liens de l'ignorance et de la mort, chacun doit en venir à comprendre cette vérité de l'existence : «Comme le (soi) incarné dans le corps doit traverser l'enfance, la jeunesse et la vieillesse, de même (à la mort) assumera-t-il un autre corps : de cela, le sage ne doute pas.» Le sage est celui qui conserve un état d'équilibre parfait dans le plaisir comme dans la douleur et traverse sans en être affecté toutes les situations de la vie. Celui-là est « prêt pour l'immortalité ». Le sage ne pleurera donc pas plus la mort des autres. Il sait que « personne ne peut causer la destruction de cet Un impérissable (l'*ātman*) ». Même quand la mort se présente à une des créatures du monde, elle le fait en conformité à la Loi universelle et ne mérite donc pas qu'on s'en afflige. « Car certaine est la mort de tout ce qui naît, certaine la naissance de tout ce qui meurt; tu n'as donc aucune raison de t'affliger de ce qui est inévitable. »

La Gītā affirme la même croyance qu'on retrouvera beaucoup plus tard au centre du *livre des morts tibétain* : que l'état d'esprit dans lequel on se trouve juste avant et au moment de la mort détermine l'état d'être (ou de non-être) dans lequel on entrera après la mort. « Quel que soit l'état (d'être) qu'on ait à l'esprit au moment de quitter le corps, c'est cet état même qu'on atteint, c'est dans cet état qu'on se transforme. » On recommande au mourant de fermer toutes les « portes des sens », de fixer sa conscience dans le centre du cœur, de stabiliser le souffle dans la tête et de s'établir dans la méditation du yoga. Quand il quittera la vie, tous ses pouvoirs de conscience et d'action concentrés et l'esprit fixé sur Dieu (Krishna) seul, « il prendra le sentier le plus élevé », dépassant le ciel des Dieux, pour atteindre la demeure suprême de Dieu, « d'où il n'est pas de retour ». Voici donc la méthode « facile » de salut, la méthode de dévotion complète à Dieu et d'entière obéissance à sa volonté, offerte à tous ceux qui trouvent hors de leur portée les sentiers de l'action sainte ou du savoir parfait. La libération que les grands sages et prêtres d'autrefois réservaient à une petite élite capable de grandes réalisations spirituelles est maintenant offerte aux masses de ceux qui peuvent se libérer de l'attachement aux vicissitudes du plaisir et de la souffrance en pensant « sans cesse à l'Éternel », en « ne pensant à rien d'autre du tout ».

D. L'inévitabilité de la mort dans la mythologie hindoue. En divers passages de la Mahābhārata, l'épopée hindoue, un sage ou un troubadour essaie de consoler quelqu'un qui vient de perdre un camarade ou un parent en lui contant une histoire sur l'origine de la mort. Ces histoires visent à éveiller l'auditeur au fait que la mort est le destin auquel toute créature vivante est conviée au moment fixé et la porte que toute créature doit traverser vers un autre royaume ou état d'être. C'est pourquoi toute affliction à la mort d'un proche ou d'une connaissance est inutile.

Selon l'une de ces histoires, Brahmā avait créé tant d'êtres que la terre se remplissait au point « qu'il n'y avait plus de place pour respirer ». La Mort n'était pas encore apparue dans le monde et il naissait d'innombrables créatures mais n'en mourait aucune. À cause de l'absence de la Mort, la Terre-Mère en vint à se sentir si écrasée sous le poids de ce nombre excessif de créatures qu'elle supplia Brahmā d'alléger son fardeau en « enlevant » une partie de ses créatures. Il réprima une partie de son énergie créatrice pour assurer à la fois la création et la destruction. Cette répression intensifia l'énergie en son être et fit jaillir de lui une femme noire en robe écarlate et aux yeux rouges de flamme. Il la nomma Mort et lui ordonna d'« enlever » au moment fixé tous les êtres, sages et fous. La dame Mort refusa d'« enlever » les créatures, par amour pour elles et de crainte que les parents qui resteraient ne jugent ses actes injustes. Elle se retira du monde et entreprit une vie de contemplation ascétique.

Après avoir passé des années à insister et à tenter de la convaincre de faire son devoir, Brahmā changea enfin les larmes de la Mort en maladies et lui ordonna de s'en servir pour enlever les êtres. Il lui enjoignit aussi d'apporter aux créatures les vices du Désir et de la Colère avant de leur infliger les maladies mortelles. Ainsi, l'imperfection de tous les êtres justifierait leur destin mortel. L'histoire se termine sur une morale : « Sachant cela (que la mort vient à tous comme juste conséquence de leurs actes pécheurs), on ne doit pas s'affliger. Car comme les cinq sens disparaissent quand on dort et reviennent plus tard comme on s'éveille, de même à la mort de leur corps les créatures passent de ce monde dans un autre monde dont elles reviennent au moment voulu. »

Cette captivante histoire sur l'origine de la mort fait comprendre plusieurs points sur l'image hindoue de la mort et l'affirmation de la nécessité et de la valeur de la mort comme élément fonctionnel des processus naturels, ce qui était généralement acceptée à l'époque de la composition de la Mahābhārata (entre 300 av. et 300 ap. J.C.) Nous ne nous arrêterons que le temps de mentionner quelques-uns de ces points avant de considérer les doctrines bouddhistes sur la mort.

(1) Bien que le Créateur du monde ne puisse se résoudre à détruire sa propre création, Il le ferait malgré Lui s'Il ne trouvait moyen d'enlever un certain nombre de produits de Sa création pour faire de la place à ceux qui arrivent plus tard. (Cette histoire montre que les anciens sages indiens avaient conscience que l'absence de retenue dans la production de créatures animales et humaines produirait graduellement une « explosion de population » qui à son tour entraînerait paradoxalement la mort de ces mêmes créatures que le Dieu Créateur aurait produites.) À moins que ne s'établisse un équilibre opératoire entre les effets des pouvoirs de la naissance et ceux de la mort, le monde des vivants serait bientôt étouffé à mort par la créativité excessive du Créateur lui-même.

(2) Donc, quoique les Hindous considéraient la réincarnation (*samsāra*) comme une destinée malheureuse dont on devrait chercher à s'échapper à la première occasion, les mêmes sages reconnaissaient cet autre paradoxe que si les créatures n'avaient pas le moyen de renaître, elles n'auraient pas la chance de s'efforcer d'atteindre à la libération spirituelle (*moksha*). En d'autres termes, l'humanité n'a la possibilité d'atteindre la libération de l'ignorance et de la mort que parce qu'elle a une série de chances de s'avancer graduellement vers ce but. La mort est donc à la fois une nécessité et une bénédiction.

(3) Quoique les Hindous de toutes les conditions croient traditionnellement que la méditation du yoga et une vie de retraite ascétique sont le chemin le plus efficace vers la libération, cette histoire affirme l'idée aussi importante que si tout le monde ou une simple majorité des humains suivaient le sentier de l'ascétisme, l'espèce s'éteindrait bientôt, les lois de la société (lois de castes, rituels religieux, etc.) resteraient négligées et dépériraient et le monde entier tomberait finalement dans un état de chaos. Pour que quelques élus puissent poursuivre le salut sur le sentier de l'ascétisme et de la négation de soi-même, il faut donc

d'autre part que la procréation continue et que l'enlèvement des créatures soit assuré dans le monde en général.

(4) La mort ne frappe pas les créatures qui habitent le monde fini à cause de la loi inviolable du destin ou du jugement brutal d'un dieu irrité mais elle résulte pour chacun de la qualité morale et spirituelle de ses actes. C'est le *karma* de l'individu qui est la cause fondamentale de sa naissance et de sa mort. Et pour l'instant, d'ici à ce que toutes les créatures se soient libérées de la loi de la renaissance, le bien-être du monde exige que soient prévues la venue-à-l'être et la disparition des choses.

II. La mort, la renaissance et la libération dans la doctrine bouddhiste

L'hindouisme et le bouddhisme s'accordent généralement pour croire que la vie humaine ne peut prendre sens et direction que si on la vit en acceptant pleinement le fait de la mort. Qui essaie d'ignorer la mort en se faisant croire que lui, ses parents ou ses possessions dureront toujours se vole à lui-même la vie signifiante qui ne peut être le lot que de celui qui accepte sans broncher la mort comme partie intégrante de la vie. Qui au contraire affronte la mort avec calme, courage et confiance — ne cherchant ni à la fuir ni à la précipiter — en viendra à voir la mort non comme un ennemi ou un voleur, mais comme un compagnon toujours présent et finalement comme un ami. Le but final à rechercher, selon le bouddhisme comme l'hindouisme, est de rencontrer la mort non seulement comme événement à la fin de la vie mais aussi comme ingrédient toujours présent dans le processus même de la vie.

La doctrine bouddhiste définit la mort comme l'extinction de la force de vie ou le non-fonctionnement total du corps physique et de l'esprit. Non que la force de vie soit totalement détruite à la mort du corps : elle est seulement déplacée et transformée pour continuer de fonctionner sous une autre forme. Toute naissance est en fait une renaissance. Plusieurs bouddhistes croient que la renaissance a lieu immédiatement après la mort. D'autres croient qu'un séjour de quarante-neuf jours dans un « état intermédiaire » (*Bardo*) sépare la mort de la renaissance. Le *Livre des morts tibétain*, dont nous reparlerons tout à l'heure plus en détail, décrit cet état.

La naissance et la mort, vues du niveau de perception cosmique, fixent les limites de la vie de l'individu comme du cosmos. À proprement parler, ni les êtres humains ni l'univers lui-même ne font l'expérience d'un commencement absolu ni d'une fin absolue. Quand on regarde au niveau microcosmique ce même drame de la naissance et de la mort en termes de secondes et de fractions de secondes plutôt qu'en années ou en éons, on découvre que la naissance et la mort se produisent presque simultanément à chaque instant du temps. La personne humaine n'est rien qu'un assemblage d'« agrégats » (le corps, les sensations, les perceptions, les constructions mentales et la conscience) dont l'ensemble forme l'organisme corps-esprit engagé à chaque moment dans un processus de venue-à-l'être et de disparition.

Mais selon les enseignements bouddhistes, il n'existe pas d'entité ou de substance unique et permanente qui constitue le Soi ou l'Âme et qui se maintienne dans un état uniforme d'un moment à l'autre et d'une vie à l'autre. Le phénomène que nous appelons d'ordinaire le soi, en disant « soi-même » ou « moi-même », n'est rien d'autre qu'une série de moments psycho-physiologiques (que le psychologue américain William James a appelé le « flux de la conscience ») qui subit à chaque moment un ensemble de changements constants. Comme un maître le dit : « Quand les agrégats s'unissent, se défont et meurent, O moine, à chaque instant tu nais, tu te défais et tu meurs. » Ainsi, nous naissons à chaque instant, nous mourons à chaque instant. La naissance et la mort sont les deux brins presque imperceptibles et indistincts de la corde unique de la vie.

Le soi humain est donc composé d'un flux de conscience sans cesse changeant, plein des impressions et tendances que créent les bonnes et mauvaises actions (*karma*) et transposé à la mort en un nouveau mode d'être, alors que le « soi » imaginé qui pense en termes de « je » et de « mien » ne survit pas d'un moment à l'autre et ne transmigre donc pas.

Les bouddhistes comme les hindous croient qu'il y a différentes qualités de mort, comme il y a différentes qualités de naissance et de vie. La différence entre les morts vient de la différence entre une vie disciplinée ou indisciplinée, entre l'esprit pur et impur, entre l'attention ou l'inattention. « L'attention est le chemin de l'immortalité, l'inattention le chemin de la mort... Ceux qui méditent sans cesse et s'efforcent sans cesse réalisent le Nirvāna suprême et sans lien » (Dhammapada 21-23).

Selon la croyance bouddhiste populaire, l'« âme », ou « les fruits du karma » d'un défunt qui est toujours pris dans les liens du « désir », passe tout de suite après la mort au tribunal de Yama où, après une période d'attente de sept jours, elle doit traverser un fleuve menaçant où s'emmêlent trois courants différents (représentant les trois destins d'enfer karmiques : les êtres humains, les animaux et les esprits affamés). Ceux qui réussissent à traverser le fleuve sont conduits dans un Paradis ou Terre heureuse où règne Amitābha (« la Lumière infinie »), qui assure à ceux qui ont cru en lui et invoqué son saint nom une renaissance dans son paradis.

Tout ceci pour dire que, pour Gautama, le Bouddha, le chemin de la vie valable en ce monde et de la libération de ce monde et de la malédiction de la renaissance passe par l'acceptation calme et confiante de la vérité universelle que « toutes les choses composites passeront ». En vérité, le véritable Éveillé est celui qui comprend que tout l'univers passe, que rien ne reste ce qu'il est plus qu'un instant, et que par conséquent rien de ce qui a sa demeure dans ce royaume de la mort ne mérite la confiance absolue. C'est cette vérité qu'aperçut Gautama durant son « excursion de plaisir » légendaire où il fut témoin des quatre signes de la souffrance : la pauvreté, la maladie, la vieillesse et la mort. Il découvrit ce jour-là que tout est « sujet au changement et à la décrépitude » et que la mort « est la fin qui a été fixée pour tout », et cette découverte lui fit perdre toute confiance dans la réalité et la valeur de l'existence dans le monde fini. Il se confia au conducteur de son char : « ...et pourtant le monde oublie sa peur et n'en tient pas compte. Il faut que les cœurs des hommes soient bien endurcis pour qu'ils se sentent à l'aise même sur la route de la vie suivante... »

Le bouddha a un message pour toute l'humanité souffrante : tout en vient inévitablement à s'éteindre, même ce qui dure un millénaire. Tout être à la tin doit se séparer de ce qu'il désire. Reconnais que tout ce qui vit (minéraux, végétaux, animaux, hommes et dieux) est sujet à la loi de la mort. Reconnais donc aussi la vraie nature du monde vivant et ne t'inquiète ni de ta vie ni de ta mort. « Quand la lumière de la vraie connaissance a dissipé les ténèbres de l'ignorance, quand on voit que toute existence est sans substance, on atteint à la fin de la vie une paix qui semble guérir enfin une longue maladie. Tout, ce qui est stationnaire comme ce qui est muable, est destiné à périr à la fin. Aussi sois attentif et vigilant. » (*Buddhacārita*, XXVI 88 ss.)

Le Bouddha a enseigné aux hommes à ne pas faire de projets en ce monde sans tenir compte de la mort. Car la mort vient selon les diktats du temps, sans s'annoncer et imprévue pour la plupart. Comment savoir d'avance quand la mort frappera : aujourd'hui ou demain, dans un an ou dans cinq ans, ou l'instant qui vient ? Comment prévoir la forme que prendra la mort : la blessure mortelle d'un couteau ou d'un fusil, un accident de voiture, une longue maladie ou une crise cardiaque soudaine ? La mort frappe sans avertir, le jeune et le vieux, le bien-portant et le malade, le grand et le petit, le riche et le pauvre. Elle ne respecte personne. Il n'y a pas de paix durable tant qu'on reste dans le corps. On ne devrait donc mettre aucune confiance dans une vie que soutient un processus aussi incertain que l'inspiration et l'expiration.

La plus populaire des histoires bouddhistes, la Parabole du grain de moutarde, exprime de façon touchante cette doctrine de l'inévitabilité de la mort de toutes les créatures vivantes. C'est l'histoire d'une femme qui pleurait inconsolablement la mort de son fils bien-aimé dont elle transportait le cadavre. Elle ne semblait pas savoir que la mort est un événement terminal, au moins en cette vie. Dans l'espoir de trouver à la « maladie » de son fils un antidote qui le rendrait à lui-même, elle approche le Bouddha dont les pouvoirs de guérison miraculeux sont renommés. Le Bouddha lui fournit un antidote, mais pas du genre qu'elle demandait. Il lui dit de passer de maison en maison pour trouver quelques grains de moutarde. Ces grains de moutarde, dit-il, seront l'antidote à la maladie de son enfant (la mort). Mais elle ne doit accepter son grain de moutarde que d'une maison où personne n'est jamais mort, ni père ni mère, ni frère ni sœur, ni serviteur ni animal. Elle passe de maison en maison et découvre qu'il n'y a pas une seule maisonnée qui n'ait jamais vécu la mort d'un de ses membres. Elle en vient à découvrir la vérité qui est la panacée contre la mort et la peine : que la mort est l'inévitable destin de toutes les créatures et qu'étant donné cette inévitabilité, elle n'a pas de raison de s'affliger. Soulagée des douleurs du faux espoir et du deuil inutile, elle trouve la paix de l'esprit et se rend au terrain funéraire où elle soumet son fils aux flammes de la crémation.

Tout être pris dans les filets de la renaissance devrait tendre à réaliser l'idéal de « couper le désir à la racine » en reconnaissant la nature transitoire, imprévisible et insubstantielle de l'existence de tout ce qui est dans le monde fini. L'Arhat (« Le Valeureux ») incarne cet état idéal de « non-désir » dans le bouddhisme Theravāda, et le Bodhisattva (« Celui dont l'essence est la sagesse ») dans le bouddhisme Mahāyāna. L'« Éveillé » n'a plus aucun désir de s'attacher à ce qui lui donne du plaisir ni d'éviter ce qui lui donne de la douleur. Libre de goûts et de dégoûts, il n'est plus atteint des pincements de l'espoir et de l'angoisse, de l'ambition et de la frustration. Il « ne fait pas tomber le fruit vert... (mais) attend qu'il mûrisse », si bien qu'il peut dire :

Je ne chéris ni la vie ni la mort.
J'attends mon heure, comme un serviteur attend ses gages.
Je ne chéris ni la vie ni la mort.
J'attends mon heure, établi dans l'attention et la sagesse.

Les maîtres bouddhistes au cours des siècles ont affirmé que le meilleur moyen d'atteindre cet état sans désir est de cultiver la discipline mentale et physique par la méditation. Une des formes de méditation les plus courantes chez les moines bouddhistes est la « récollection de la mort ». Le moine va s'asseoir au cimetière ou au crématoire et y contemple les cendres des corps dont on a disposé et les cadavres qui s'y trouvent encore en divers états de décomposition. La contemplation de ces substances horribles crée rapidement chez le méditant la conscience profonde de la brièveté, de l'incertitude et de l'impermanence de la vie et de l'inévitabilité de la mort. Le moine apprend souvent à considérer son propre corps, même s'il est toujours plein de vie et de vigueur, comme un cadavre (en puissance). Quand le moine comprend au plus profond de lui-même que sa propre vie et celle de l'univers entier sont à tout instant soutenues et constituées d'un mélange de vie et de mort, quand il en vient à comprendre que tout à la fin retourne en poussière, il arrive à une liberté parfaite (*vimukti*) face à l'illusion que lui ou les objets de ses plaisirs sont des entités durables. De cette intuition émerge la cessation du désir de modeler la monde selon sa volonté propre. Et la disparition de l'habitude de vivre selon la volonté et de l'angoisse et de la peur qui en résultent amène automatiquement une paix et une tranquillité d'esprit qui traverseront sans s'altérer toutes les situations de la vie et tous les états d'esprit.

Et enfin les enseignements bouddhistes sur la mort et la meilleure façon de «vivre pour la mort» sont présentés de façon très imagée dans le livre que les occidentaux achètent aujourd'hui en plus grand nombre que tout autre, à l'exception peut-être de la bible, *Le Livre des morts tibétain*. Comme son titre l'indique, ce texte enseigne aux vivants comment «bien mourir». Le texte sert particulièrement à aider ceux qui sont vieux, faibles ou malades à se mettre dans un état d'esprit qui les conduira à une «bonne renaissance» ou même à la libération de la renaissance.

Le maître enjoint à son disciple de rester attentif et alerte face à la mort, de résister à toute distraction ou confusion, d'être lucide et calme. Il engage le disciple à comprendre que ses «énergies mentales» ou «forces vitales» s'apprêtent à sortir de son corps. Pour entrer dans l'«état intermédiaire» bien préparé, il doit stimuler son énergie et fixer sa conscience sur l'événement de sa mort. L'instructeur pousse ensuite l'étudiant à se préparer à la venue de la mort sous la forme de «la lumière brillante de la Réalité ultime» ou de «la splendeur lumineuse de la lumière sans couleur du Vide». Il doit s'immerger dans les rayons de cette lumière surnaturelle, abandonner toute croyance en un soi séparé et reconnaître que le salut vient de la réalisation que cette «lumière sans limite de la vraie Réalité est ton propre soi véritable».

Pour ceux dont les esprits sont distraits ou confus au moment du passage dans l'autre monde, il apparaît un

« corps subtil » ou « corps mental » qui est « imprégné des effets des actions et désirs passés ». Ces corps surnaturels ne sont que les rayons de lumière émis par la grâce des bouddhas qui sont venus accueillir l'âme du défunt dans un royaume de Bouddha ou Paradis (Terre heureuse). Si elle rate cette seconde occasion de salut, l'âme est alors attaquée par des divinités irritées et des créatures démoniaques (dont certaines ont la forme d'animaux effrayants) qui tentent de la détourner du salut en la convainquant de leur existence objective alors que ces créatures ne sont en fait rien d'autre que « les reflets imaginaires des contenus de l'esprit dans le miroir du Vide ».

Deux destinées s'ouvrent à ce moment devant l'âme : (1) elle peut atteindre à la cessation totale et éternelle de la réincarnation et à la paix du Nirvāna en comprenant que toute chose (y compris ces ciels et enfers, dieux et démons, naissances et morts, etc.) sont des projections illusoires, insubstantielles et transitoires de son propre esprit limité et faussé ; ou bien (2) elle est condamnée à rentrer encore une fois dans la roue du devenir et à renaître comme animal, homme ou dieu à cause de son double échec à comprendre le sens de cet enseignement et à se libérer du désir de se perpétuer comme soi individuel.

Dōgen, le fameux maître Zen du treizième siècle, exprime merveilleusement l'enseignement bouddhiste sur la mort en un sermon : « Pour trouver la libération, il faut voir la vie et la mort comme identiques au Nirvāna, sans convoiter l'une ni détester l'autre. Il est faux de croire qu'on va de la naissance à la mort. La naissance, du point du vue bouddhiste, est un point temporaire entre ce qui précède et ce qui suit ; on peut donc l'appeler le « sans-naissance ». De même pour la mort et le « sans-mort ». Il n'y a dans la vie rien de plus que la vie, dans la mort rien de plus que la mort : nous naissons et nous mourons à chaque instant.

III — La victoire sur la mort

Les enseignements de l'hindouisme et du bouddhisme semblent énoncer un thème unique mais antiphonique. Les histoires et discours qui constituent les écritures sacrées ces deux traditions affirment, d'une part, que la mort est le destin inévitable de toute créature vivante et qu'il n'est aucun moyen de briser sa règle de fer, ni les bonnes œuvres, ni les pensées pieuses ni la discipline spirituelle. Elle affirment, d'autre part, que, même si toutes les créatures sont destinées à disparaître, il existe un moyen d'échapper à la mort et à la renaissance. La première cause de la renaissance et de tous les malheurs et des souffrances qui s'y rattachent est l'égoïsme. La seule façon de s'échapper de la ronde de la naissance et de la mort est la dissolution de tous les désirs. Si on le comprend bien, le chemin de la libération finale conduit enfin à la disparition de ce dernier désir lui-même, si bien qu'on entre dans un état d'être qu'on ne peut appeler que « sans-désir ».

On croit dans l'ensemble que la victoire sur la mort est une tâche longue et ardue qui exige plusieurs vies passées à cultiver un esprit et un corps disciplinés. La pratique de la vertu est récompensée par l'accumulation de mérite religieux. Celui qui détient assez de mérite peut s'attendre à la prospérité matérielle et spirituelle au ciel après la mort. Mais selon les enseignements hindous et bouddhistes, ce n'est pas là le but final. Au-delà du monde des êtres vivants, au-delà de l'atmosphère peuplée d'esprits et de demi-dieux, au-delà même des cieux supérieurs habités par les dieux et le Dieu Suprême lui-même, il existe un royaume surnaturel de joie pure et sans mélange. Si exigeante que soit la tâche d'atteindre ce but lointain, la doctrine de la transmigration dans l'hindouisme et de la renaissance dans le bouddhisme offre quelque encouragement. Krishna résume l'idée dans la *Bhagavad Gītā* : « Et même si tu penses qu'il (le soi incarné) (re)naît et (re)meurt sans cesse, même alors tu t'affliges en vain. Car certaine est la mort de tout ce qui est né, certaine la naissance de ce qui meurt ; tu n'as donc nulle raison de t'affliger de ce que nul ne peut prévenir » (II, 27).

Oublions un moment le seul point de désaccord majeur entre l'hindouisme et le bouddhisme (savoir s'il existe ou non un vrai soi qui survit d'une vie à l'autre), et insistons sur l'accord général des deux traditions sur la meilleure façon de vaincre la mort : l'accepter comme le fait majeur de la vie et le signe principal de ce que tout ce à quoi on peut tenir sera en fin de compte tout à fait détruit et de ce que celui qui en arrive à ne craindre ni désirer la mort commence à transcender et la vie et la mort et à s'unir à l'Absolu immuable. La nature humaine est composée de désirs. La volonté de l'homme suit ses désirs. Les actes suivent la volonté. Et le devenir suit les actes. Qui tente d'ignorer la mort reste pris dans les chaînes de la mort, la peur de sa propre mort et le deuil de la mort des autres. Se libère au contraire des peurs et angoisses de la mort celui qui rencontre la mort comme compagnon de sa vie, dans un esprit d'acceptation rationnel et serein, sans s'y attacher ni la fuir. C'est là une leçon importante pour notre époque moderne qui cherche à tout prix à sauver la vie humaine en échappant à la mort ou en la remettant à plus tard.

La mort est facile, c'est la vie qui est difficile

Nous avons parlé des difficultés de notre société avec la mort et présenté quelques autres images de la mort qui peuvent aider à la comprendre dans une perspective autre que celle que nous prenons d'ordinaire. Mais peu importe la perspective, ce n'est pas mourir qui est difficile; il ne faut ni talent ni compréhension pour mourir. Tout le monde le fait. Ce qui est difficile, c'est de vivre, de vivre jusqu'à la mort, que la mort soit lointaine ou imminente, que ce soit vous ou quelqu'un que vous aimez qui meurt. Les différentes images de la mort présentées dans le chapitre précédent ont dû vous faire penser à vivre autant qu'à mourir, comment emprunter à d'autres cultures des coutumes et des perspectives qui vous rendent la vie plus signifiante jusqu'à la mort, à vous et à ceux qui vous sont chers.

Dans le présent chapitre, nous revenons à notre propre culture, pour y découvrir des points de vue qui acceptent la mort et affirment la vie mieux que ceux que nous rencontrons normalement. Nous y examinerons, à partir de points de vue institutionnels et personnels, certains facteurs qui contribuent à donner à ceux qui se meurent une vie plus pleine et à ceux qui restent derrière une meilleure acceptation et une meilleure compréhension de la mort. Le premier texte décrit le programme «*Vivre jusqu'à la mort*». Il s'agit d'une recherche visant à déterminer quels facteurs influencent la vie des patients mourants et à appliquer les résultats pour aider les mourants à terminer leur vie avec plus de joie et de paix. Le second texte expose le rôle important que les funérailles et les tâches qui s'y rattachent peuvent jouer pour aider les survivants à trouver la paix et l'acceptation. Dans le troisième texte, une mère lutte et s'affirme contre le deuil; nous partageons ses efforts douloureux pour retrouver un équilibre après la mort de son fils. Le dernier texte du chapitre témoigne enfin de la croissance continue d'un écrivain, d'un être humain qui s'approche de la mort : les derniers écrits de Dorothy Pitkin révèlent un humain qui au bout de bien des années de création s'interroge toujours sur le sens de la vie.

Le fil conducteur qui traverse ces textes si différents, c'est la nécessité de la vérité et de la simplicité. On n'apprend pas à accepter la mort en l'évitant ni en la niant. Il faut la prendre de front pour la traiter de façon constructive. Que ce soit vous qui mouriez ou quelqu'un que vous aimez ou quelqu'un qui est confié à vos soins professionnels, ce sera dur. Personne ne peut accepter facilement la fin d'une vie. Mais on n'élimine pas le fait en l'ignorant et ce qui compte, c'est de vivre pleinement le temps qu'on a. Bien des gens réagissent d'abord à la mort par le désespoir. Il est alors facile d'abandonner parce qu'il ne semble pas rester assez de temps. Il est difficile mais extrêmement gratifiant d'apprendre à rejeter ce sentiment de désespoir et à le remplacer par la joie d'avoir la chance de vivre, même si c'est pour peu de temps. Il est très difficile d'apprendre à se réinvestir dans la vie quand on vient de perdre un être cher, mais c'est la seule façon de donner un sens à sa mort. J'espère que les textes qui suivent vous aideront à comprendre la mort et à y faire face quand elle entrera dans votre vie.

Vivre jusqu'à la mort* : un programme de service et de recherche pour les malades terminaux

Raymond G. Carey

Le texte qui suit décrit une étude sur des malades terminaux. Il s'agissait de découvrir quels facteurs laissent prévoir qui mourra le mieux et que peuvent faire les professionnels pour aider à rendre plus significative la vie des mourants. Les résultats concordent avec les renseignements qu'on peut tirer des autres sources présentées ici. Les résultats indiquent, par exemple, qu'il faut laisser au mourant autant de contrôle que possible sur sa vie et son horaire et que sa vie doit dans la mesure du possible rester en continuité avec la vie qu'il menait avant sa maladie, particulièrement en ce qui concerne sa relation avec les personnes importantes dans sa vie et la possibilité de passer le plus de temps possible dans un environnement confortable et familier. Cette conclusion rappelle la description, donnée dans un chapitre précédent, de la facilité d'affronter la mort que les Indiens d'Alaska tirent de leur sentiment de choix et de contrôle. Il est un autre point important que soulignent plusieurs textes, c'est que les patients assument généralement mieux leur sort quand ils sentent que leur médecin a été honnête avec eux, tout en les rassurant. La quantité de douleur que supporte un individu est un facteur essentiel qui concerne les infirmières et médecins qui s'occupent des mourants : il est très difficile de maintenir son équilibre

* « Vivre jusqu'à la mort : un programme de service et de recherche pour les malades terminaux », par Raymond G. Carey, Ph. D., directeur du Service d'évaluation et de recherche de l'Hôpital général luthérien de Park Ridge, a d'abord paru comme article dans *Hospital Progress*, en février 1974. Reproduit avec la permission de l'auteur.

émotionnel quand on souffre trop. Il y a d'autres facteurs importants, et cet article offre des conseils aux professionnels sur ce qu'il y a à faire pour aider. Lisez ce texte en gardant à l'esprit ce que vous avez déjà appris, et voyez quels parallèles vous pouvez établir.

Le programme « vivre jusqu'à la mort »

Les gens qui apprennent qu'il ne leur reste qu'une période limitée à vivre réagissent de différentes façons. Les uns semblent bien assumer la souffrance psychique qui peut prendre la forme de la colère, de la dépression, de la peur ou d'une culpabilité inopportune. Ils s'ajustent émotionnellement au point de pouvoir vivre dans la sérénité les dernières semaines ou les derniers mois de leur vie. D'autres semblent incapables d'assumer cette souffrance. On ne peut pas, par définition, aider le malade terminal à retrouver le bien-être physique. Mais on peut l'aider à vivre sa vie le plus pleinement possible et avec le moins de peur possible jusqu'à sa mort.

Il faudrait, pour aider ainsi les malades terminaux, connaître plus précisément les facteurs reliés à leur ajustement émotionnel. Quelle importance ont par exemple (1) le degré de malaise du patient, (2) ses attitudes et croyances religieuses, (3) son expérience antérieure avec des mourants, (4) sa sécurité financière, (5) son âge, (6) son sexe et (7) son éducation ? Il serait aussi utile de pouvoir se faire une image plus claire des sujets d'inquiétude des malades terminaux et de la façon dont ces inquiétudes se relient à l'âge, au sexe et aux valeurs religieuses de la personne. Le programme « vivre jusqu'à la mort » visait à étudier ces questions.

Le programme « vivre jusqu'à la mort » est un projet de recherche qui fait partie d'un programme de service. Chaque patient de l'Hôpital général luthérien reçoit la visite d'un aumônier qui offre au patient et à sa famille les services de son ministère : conseils, prières et sacrements. Le programme « vivre jusqu'à la mort » exige aussi qu'en plus du ministère pastoral ordinaire, l'aumônier (1) offre ses services de conseiller spécifiquement pour traiter des sentiments du patient à l'égard de sa maladie ; (2) soit prêt à maintenir la relation établie si le patient quitte l'hôpital ; (3)

offre au patient l'occasion d'aider les autres en partageant ses sentiments, soit en répondant à un questionnaire oral ou en enregistrant un ruban magnétophonique ou magnétoscopique si cela semble possible et indiqué.

Les aumôniers qui participent à ce programme ne visent pas d'abord à aider les patients à se préparer à la mort, mais à les aider à vivre chaque jour aussi joyeusement et paisiblement que possible. Ils essaient aussi d'aider les membres de la famille du patient à assumer leurs sentiments de façon à réconforter le patient aussi bien que ses parents.

Il n'y a eu que très peu de recherches quantitatives sur les patients atteints de maladies terminales et visant à étudier leur ajustement émotionnel à leur espérance de vie réduite. Presque toutes les recherches ne se basent que sur l'étude de quelques cas. La présente recherche tentait d'identifier par l'analyse des données quantitatives les facteurs qui sont en corrélation avec l'ajustement émotionnel chez le patient terminal au courant de sa condition.

Méthode et procédure

Pour les fins de cette recherche, on définissait comme atteinte d'une maladie terminale la personne dont la maladie est telle que : (1) la mort est probable en moins d'un an si l'état morbide se prolonge; et (2) il n'y a pas de remède connu à cet état. On ne choisissait comme candidats pour le programme que des patients qui étaient au courant de la gravité de leur état. On ne considérait pas comme candidats pour les fins de ce programme les patients qui n'étaient pas au courant du caractère potentiellement fatal de leur maladie, ceux qui étaient *in extremis* ou qui étaient trop faibles ou trop drogués pour communiquer.

On fit cette offre de conseils à 84 candidats entre le 15 décembre 1972 et le 31 juillet 1973. Le tableau I établit le profil de ces patients. Ils nous étaient référés par des étudiants-aumôniers, des infirmières et des médecins. Le président du service de soins pastoraux avait choisi les aumôniers qui prirent contact avec les candidats proposés sous la direction du directeur du projet. Onze aumôniers (neuf

TABLEAU I

PROFIL DES PATIENTS

Nombre total : 84
Pourcentages donnés entre parenthèses

		N	%
Offre de conseils	acceptée	74	(88)
	rejetée	10	(12)
Sexe	masculin	42	(50)
	féminin	42	(50)
État matrimonial	célibataire	9	(11)
	marié(e)	57	(68)
	veuf(ve)	14	(17)
	séparé(e) ou divorcé(e)	4	(5)
Âge	13-19	3	(4)
	20-29	4	(5)
	30-39	8	(10)
	40-49	13	(16)
	50-59	22	(26)
	60 et plus	34	(41)
Degré d'éducation	école élémentaire	9	(13)
	école secondaire	31	(45)
	collège	23	(33)
	post-gradués	6	(9)
	inconnu	15	—
Type de maladie	cancer	77	(92)
	autres maladies	7	(8)
Religion	luthérienne	18	(21)
	autre protestante	23	(27)
	catholique	31	(37)
	juive	5	(6)
	aucune	7	(8)

luthériens et deux catholiques) participèrent au programme au cours des huit mois qu'il dura.

La principale méthode de recherche fut l'analyse des données quantitatives obtenues des patients par les aumôniers de l'hôpital. On enregistra d'autre part quatre entrevues magnétophoniques et quatre magnétoscopiques avec des patients, au sujet de leurs principales inquiétudes et ce leurs sources de force. Ces rubans permirent au directeur du projet de faire de leur ajustement émotionnel une évaluation indépendante de celle de l'aumônier concerné. Ils aidèrent aussi à interpréter les résultats de l'analyse quantitative. Mais ces rubans ne servirent cependant pas de méthode principale de recherche.

Mesures et analyse statistique

La principale variable dépendante de notre étude était l'Indice d'ajustement émotionnel (AE). Cet indice était conçu pour mesurer jusqu'à quel point un malade terminal était capable d'assumer intérieurement et extérieurement son espérance de vie réduite. L'ajustement émotionnel inclut le concept de paix intérieure et de contrôle de soi, mais n'est pas la même chose que la résignation, l'acceptation ou le désespoir de guérir.

L'indice AE était établi d'après six questions auxquelles l'aumônier donnait telle ou telle valeur selon les paroles et le comportement du patient et selon les renseignements obtenus du personnel et de la famille du patient. Les questions mesuraient la présence ou l'absence de colère, de culpabilité, d'angoisse, de dépression de même que la capacité du patient à verbaliser ses sentiments avec sa famille et ses amis.

L'indice de malaise était établi d'après cinq points : les aumôniers évaluaient le degré de souffrance du patient, sa défiguration, sa dépendance d'autrui, sa difficulté à manger et sa difficulté à dormir.

La relation entre la religion et l'ajustement émotionnel fut étudiée en rapport avec l'affiliation religieuse, les croyances religieuses et la qualité de l'orientation religieuse. On tenait compte de quatre catégories quant à l'orientation religieuse (OR) : intrinsèque, extrinsèque, généralement pro-religieuse et généralement non-religieuse. Gordon Allport a défini comme intrinsèquement religieuse la personne qui prend au sérieux le commandement de la fraternité, qui s'efforce de transcender ses besoins égocentriques, qui tempère ses dogmes d'humilité et qui semble vivre les enseignements de sa foi. Allport décrit la personne extrinsèquement orientée comme celle qui approche la vie de façon égocentrique, se souciant de sa sécurité personnelle, de son statut social et du mode de vie qu'elle a choisi. Cette personne se sert de la religion plutôt qu'elle ne la vit. C'est une façon utilitaire de prendre la religion.

Dans notre étude, nous avons utilisé pour mesurer l'orientation religieuse une version modifiée de l'échelle originale d'Allport. On fixait l'indice OR en additionnant les totaux du patient pour les sous-échelles « intrinsèque » et « extrinsèque ». On classait le patient comme intrinsèque ou extrinsèque si l'indice obtenu dépassait la médiane dans l'une des échelles mais non dans l'autre. S'ils dépassaient la médiane dans les deux échelles, ils étaient classés comme généralement pro-religieux, et comme généralement non-religieux s'ils étaient en dessous de la médiane dans les deux échelles.

On analysa l'expérience préalable avec des mourants de trois points de vue : (1) selon que le patient avait ou non déjà parlé de la mort franchement et ouvertement avec une personne qui savait qu'elle allait mourir; (2) selon qu'il avait ou non été proche de quelqu'un qui acceptait la mort dans la paix intérieure; et (3) selon qu'il avait ou non été proche de quelqu'un qui avait terminé sa vie dans la colère ou l'angoisse.

Le classement des occupations obtenu du Centre national de recherche sur l'opinion servit de mesure indirecte de la sécurité financière.

Résumé des principales conclusions

1. Quels furent les principaux facteurs laissant prévoir l'ajustement émotionnel à une espérance de vie réduite? Les facteurs qui influaient le plus sur l'ajustement émotionnel étaient le niveau de malaise, le contact intime préalable avec un mourant, l'orientation religieuse, l'intérêt et l'attention soutenus des proches et du prêtre ou du ministre local et le degré d'éducation.

Le niveau de malaise était relié négativement à l'ajustement émotionnel, c'est-à-dire que plus un individu souffrait, moins il était capable de se maintenir à un niveau élevé d'ajustement émotionnel. C'était un facteur positif d'ajustement émotionnel que d'avoir été proche d'une personne qui avait accepté la mort dans la paix intérieure, alors que c'était un facteur négatif que d'avoir été proche d'un mourant colérique ou angoissé. Les patients qui avaient déjà discuté de la mort ouvertement et franchement avec un autre mourant assumaient beaucoup mieux leur propre maladie terminale. L'aspect le plus important de la variable religieuse était la qualité de l'orientation religieuse, plutôt que la simple affiliation religieuse ou l'acceptation verbale des croyances religieuses. Les personnes intrinsèquement religieuses (qui tentaient d'intégrer leurs croyances dans leur vie) avaient le meilleur ajustement émotionnel. Les chrétiens avaient cependant un ajustement émotionnel bien supérieur aux non-chrétiens. L'éducation était en relation positive avec l'ajustement émotionnel, peut-être parce que les deux sont reliés à la sécurité financière.

2. ***Quelles sont les principales inquiétudes des patients terminaux?*** La crainte la plus fréquemment mentionnée est celle d'être un fardeau pour autrui. Les deux tiers des patients exprimèrent à ce sujet leur grande ou extrême inquiétude. Environ 50 pour 100 des patients dirent souffrir d'être séparés de leurs proches, s'inquiéter du sort de leurs proches après leur mort et craindre une mort douloureuse. Les rapports des aumôniers indiquent chez plusieurs le sentiment sous-jacent que la vie n'a plus de valeur ou de sens.

3. ***Que révélaient les rubans magnétophoniques et magnétoscopiques sur l'ajustement émotionnel?*** L'analyse des entrevues magnétophoniques et magnétoscopiques indiqua que les facteurs suivants influaient sur l'ajustement émotionnel : la capacité antérieure de supporter les situations de stress, le sentiment d'avoir vécu une vie pleine et signifiante, la chaleur et la valeur de soutien de la relation avec l'époux(se), l'espoir d'une vie joyeuse après la mort, la capacité de parler franchement du sens et des conséquences de sa maladie, une explication du médecin qui combine l'honnêteté, le tact et l'assurance d'être soutenu et le sentiment de l'implication des enfants et des amis. On mentionnait des inquiétudes au sujet du processus de la mort plus souvent qu'au sujet de ce qui arriverait après la mort. Plusieurs patients s'inquiétaient de la quantité de douleur

qui leur viendrait, de leur capacité de tolérer cette douleur; plusieurs craignaient de devenir trop dépendants et d'être un fardeau pour autrui.

L'enregistrement de ces rubans magnétophoniques ou magnétoscopiques semble avoir eu un effet très positif sur le moral des patients. Dans la plupart des cas, la famille immédiate demanda une copie de l'entrevue de son proche et affirma que l'audition de ce ruban était très consolante.

Évaluation et suggestions pour le soin du patient

1. Quels sont les grands défis qu'a à relever le patient terminal? Le patient doit d'abord décider s'il acceptera ou rejettera la réalité de sa mort. La dénégation implique qu'on continue à croire : « Je vais vraiment guérir », malgré toutes les informations contraires. Mais le *désir* de guérir peut être présent même dans l'acceptation.

Deuxièmement, le patient doit trouver un sens satisfaisant à sa nouvelle situation, c'est-à-dire à sa souffrance, à son impuissance, aux changements de ses relations, à ses séparations et à ses pertes. Il doit en d'autres mots trouver une réponse à la question torturante : « Quelle valeur est-ce que j'ai maintenant? » Le patient qui trouve une réponse satisfaisante à cette question a trouvé son ajustement émotionnel, qu'il soit dans un état d'acceptation ou de dénégation.

2. Qu'est-ce qui aide le patient à atteindre l'ajustement émotionnel? Chaque patient est différent. Il trouve de l'aide à sa propre façon, selon ses ressources propres, et fixe lui-même l'ordre des agents d'aide. Les quatre sources d'aide le plus souvent mentionnées sont : la foi religieuse (Dieu, l'Église, le clergé); l'époux(se) ou un autre membre de la famille; soi-même (penser au problème, le comprendre intellectuellement); et un médecin qui sait être honnête et direct tout en tenant compte de la capacité qu'a le patient d'assumer son diagnostic.

3. Comment l'aumônier peut-il aider les patients terminaux? Avant tout, l'aumônier doit apprendre où le patient en est dans ses émotions et comment il voit sa situation. Il doit respecter les sentiments et les pensées du patient et l'aider à trouver et à utiliser ses propres ressources, religieuses ou non.

Il doit montrer son intérêt au patient en venant souvent parler avec lui et l'écouter. Il doit faire preuve de sensibilité et s'adapter aux changements d'humeur du patient.

Il importe que l'aumônier soit prêt à partager la fonction d'aide avec les membres de la famille, le ministre du patient, les infirmières, assistants et travailleuses sociales. La spécialité de l'aumônier est de s'occuper des questions ultimes (le sens de la vie et de la mort), mais d'autres s'occuperont mieux que lui de certains des besoins du patient.

L'aumônier s'occupera particulièrement d'aider le patient à voir qu'il peut y avoir un sens et une valeur dans sa façon même d'assumer la souffrance et la mort. L'aumônier ne doit cependant pas s'imposer lui-même, ni imposer ses idées, ses sentiments ou ses solutions propres. Le contenu de ses conseils doit suivre les besoins et les désirs du patient. Le patient doit sentir que l'aumônier, bien qu'il soit prêt à l'aider à examiner des alternatives s'il le veut, accepte sa propre façon de prendre la mort, son propre style. L'aumônier doit être disponible pour partager sa foi et ses ressources, comme la prière, les Écritures ou la communion si le patient le désire.

Il importe aussi que l'aumônier cultive la confiance et la collaboration des médecins. Il devrait éviter de parler de questions médicales avec les patients. Il devrait passer au poste de garde en même temps que le médecin et demander au médecin comment le patient s'arrange avec sa maladie et ce qu'il peut faire pour aider. L'aumônier, d'autre part, ne doit pas hésiter à dire ce qu'il peut faire. Il est à conseiller d'informer le médecin des activités de l'aumônier, soit de vive voix, soit par des notes au dossier du patient.

4. Comment la famille peut-elle aider le patient à s'ajuster émotionnellement? La famille peut aider surtout en maintenant, quand les circonstances le permettent, un environnement social et émotionnel cohérent avec le style de vie préalable du patient. Spécifiquement, il s'agit de garder le patient à la maison où il peut manger et dormir le plus normalement possible plutôt que de l'envoyer à l'hôpital ou à la clinique. À moins que le patient n'ait plus sa lucidité, la famille devrait le faire participer à toutes les discussions et décisions quant à son traitement et à son bien-être. Il importe que les membres de la famille fassent tout ce qu'ils peuvent pour montrer leur amour et leur attention, mais de façon à ne pas faire se sentir coupable le patient qui croirait devenir un fardeau pour eux.

Les membres de la famille qui ne peuvent pas faire face à la mort dans leur propre vie et projettent cette peur sur leurs proches peuvent nuire aux efforts du patient pour assumer sa propre douleur psychique. Cette attitude peut aussi rendre difficile l'honnêteté du médecin envers son patient et enlever toute efficacité à l'aumônier. Quand le patient est prêt à accepter la réalité de sa mort prochaine, la famille doit être prête à partager son acceptation.

5. Comment le médecin peut-il aider le patient à s'ajuster émotionnellement? Il semble peu douteux que la plupart des gens veulent que leur médecin leur dise la vérité. Une seule des patientes de notre étude s'est dite fâchée que son médecin l'ait informée de son espérance de vie réduite. La façon dont ce renseignement est donné est critique, cependant. Il semble préférable de le faire en personne et non au téléphone, et de donner au patient le temps d'exprimer ses sentiments et de poser ses questions. Il semble recommandable que le médecin prépare le patient graduellement si possible, en lui faisant par exemple d'abord savoir que le cancer est possible et en lui expliquant le traitement prévu si le doute se vérifie. Les patients veulent sentir que leur médecin ne les laissera pas tomber.

Le médecin peut accepter trop facilement la demande que lui fait la famille de cacher la vérité au patient. S'occuper de conseiller les patients mourants et leur famille demande beaucoup de temps au médecin, et ne lui offre rien de gratifiant, ni financièrement ni émotionnellement. Le médecin qui croit n'avoir ni le temps ni l'entraînement voulu pour conseiller efficacement le patient et sa famille serait bien avisé de les référer à quelqu'un qui peut satisfaire leur besoin. Il arrive qu'un patient soit envoyé à des spécialistes en radiations ou autres simplement parce qu'on fuit son besoin d'un conseiller moral.

Cette étude indique que l'administration judicieuse des médicaments contre la douleur est un facteur d'ajustement émotionnel majeur. Le premier critère d'ajustement émotionnel est le niveau de malaise. L'angoisse quant à la douleur qu'il y aura et à comment on la supportera est au premier rang des inquiétudes du patient. Le patient qui sait qu'on maintiendra sa souffrance à un niveau supportable reste plus en paix.

Enfin, le médecin devrait être prêt à demander et à accepter l'aide des aumôniers et du reste du personnel paramédical. Le patient a de nombreux besoins. Personne, même pas le médecin, n'est un expert en ce qui concerne chacun de ces besoins.

6. Le clergé local est-il utile dans les hôpitaux où se trouvent un nombre suffisant d'aumôniers bien entraînés? Les membres du clergé local complémentent le ministère des aumôniers des hôpitaux auprès des malades terminaux, particulièrement dans les cas où ils avaient d'avance une bonne relation avec le patient. Le rapport est déjà établi. En visitant le patient et en lui apportant les sacrements, ils lui donnent un soutien et un sentiment d'amour et d'attention. Le contact établi avec la famille d'un patient durant sa maladie terminale permet un ministère plus efficace au moment des funérailles et au cours des mois qui suivent la mort du patient. Ce sont là des moments où la famille ne peut demander force et réconfort ni au médecin ni à l'aumônier de l'hôpital. Plusieurs patients notent qu'ils apprécient à la fois le ministère de l'aumônier et celui de leur ministre local.

7. Comment l'infirmière peut-elle contribuer à l'ajustement émotionnel du patient? L'infirmière n'est pas en très bonne position pour aider le patient à s'ajuster émotionnellement, car elle n'a d'ordinaire pas avec le patient le rapport préalable que peut avoir le médecin ou le ministre local, et elle n'a pas non plus les capacités de conseiller de l'aumônier entraîné. Mais l'infirmière est souvent disponible dans les moments de crises et de dépression où les autres ne sont pas immédiatement disponibles, en particulier la nuit où, dans les hôpitaux, les soins pastoraux sont inadéquats. L'infirmière prend plus d'importance comme conseillère quand le patient n'a pas de proches parents ou n'a qu'une mince ou pauvre relation avec son médecin ou son ministre local.

L'infirmière peut aider surtout en portant attention aux indices subtils des sentiments du patient et en cherchant à s'adapter à ses humeurs au lieu de préparer d'avance la phrase qu'elle dira en entrant dans sa chambre pour l'égayer.

8. Comment les travailleuses sociales et le personnel de soins domiciliaires peuvent-ils aider? Au cours de cette étude, les patients ont exprimé plus souvent que toute autre la crainte de devenir un fardeau pour autrui. En renseignant le patient et sa famille sur les soins disponibles quand le patient quittera l'hôpital, la travailleuse sociale et le personnel de soins domiciliaires dont disparaître un grand obstacle à l'ajustement émotionnel. Il y a aussi des moments où il est possible et opportun qu'ils assument un rôle de conseillers.

9. Comment peut-on se préparer à assumer une maladie terminale? Les résultats de cette étude indiquent qu'une des choses les plus importantes qu'on puisse faire pour se préparer à assumer une maladie terminale est d'accueillir l'occasion de se rapprocher de quelqu'un qui affronte une maladie terminale dans la paix intérieure. Une conversation franche sur la mort n'aide pas seulement le patient à comprendre ses sentiments, elle aide aussi l'autre personne à s'ajuster émotionnellement si elle contracte à son tour une maladie incurable.

Si on est le principal gagne-pain d'une famille, il est recommandable de faire des prévisions financières telles que ses dépendants soient en sécurité si on tombe malade soudainement. En évitant les soucis financiers, on élimine un obstacle important sur le chemin de l'ajustement émotionnel.

En intégrant d'avance ses croyances religieuses dans sa vie quotidienne, on diminue la possibilité, en cas de maladie terminale, de la culpabilité et de la crainte de la colère de Dieu, on augmente sa confiance dans l'amour de Dieu et on fonde bien son espoir d'une vie heureuse après la mort.

Enfin, celui qui a cultivé des relations d'amour profondes avec sa famille et ses amis y trouvera un soutien solide à l'heure de la mort.

10. Y a-t-il des moments critiques où le conseiller peut être plus efficace? C'est tout de suite après que le patient a appris qu'il est atteint d'une maladie incurable et que la mort est une possibilité prochaine qu'un conseiller est le plus nécessaire et peut être le plus efficace. Très souvent, cette pleine prise de conscience se fait tout de suite avant ou après une intervention chirurgicale. Il semble recommandable de s'occuper des sentiments du patient peu après que le médecin l'a informé de sa situation. Il est souvent plus facile de prévenir la colère, l'amertume ou la dépression que d'aider le patient à combattre ces sentiments une fois qu'ils ont pris racine. Si on attend que le patient soit très faible ou très proche de la mort pour appeler le ministre local ou l'aumônier, on rend son ministère plus difficile autant quant à l'aide à apporter au patient que quant à l'amélioration de la relation du patient et de ses parents.

11. Est-il recommandable d'affecter un aumônier au service exclusif des malades terminaux? Il semble y avoir plus d'avantages que de désavantages à affecter un aumônier au service exclusif des malades terminaux. Un aumônier spécialisé peut plus facilement obtenir la confiance des médecins et infirmières. Les médecins et les infirmières sont réticents à demander à un aumônier de conseiller leurs patients dans ce domaine si délicat, à moins de connaître bien clairement ses buts et ses méthodes et que ses résultats passés ne leur aient fait prendre conscience de sa compétence. L'aumônier qui se spécialise dans les maladies terminales accumule aussi plus de savoir et de confiance en lui. Il peut aussi y avoir des désavantages. Par exemple, il peut arriver que le patient et ses proches réagissent négativement ou abandonnent tout espoir en apprenant qu'ils reçoivent la visite d'un aumônier qui ne s'occupe que des «cas désespérés». On peut aussi se demander si un aumônier peut ne travailler qu'avec des mourants sans tendre à devenir déprimé lui-même.

12. Quels problèmes a rencontré ce programme? Ce sont les médecins qui nous ont donné le meilleur appui et qui nous ont causé les pires difficultés. Le président du conseil médical, les chefs de département et quelques médecins donnèrent un appui entier au programme. Il fut difficile d'obtenir la collaboration, le soutien et la confiance de plusieurs médecins. Certains devenaient hostiles dès qu'on parlait de recherche chez les malades terminaux. D'autres restaient indifférents au programme, qui signifiait seulement qu'ils devraient trouver dans leur horaire déjà chargé le temps d'entrer en relation avec une personne de plus. D'autres avaient de fausses informations sur la nature du questionnaire et la façon de procéder.

Il fut aussi parfois difficile de choisir les candidats pour cette étude. Il y avait des cas où il n'était pas clair qu'on pouvait déclarer tel patient terminal. Il y avait d'autres cas où on ne savait pas vraiment si le patient avait été clairement informé du caractère incurable de sa maladie.

13. Est-il éthique de faire des recherches chez des malades terminaux? Cette étude n'a jamais utilisé des malades terminaux simplement pour des fins de recherches; ils recevaient plutôt un ministère de haute qualité de la part d'aumôniers qui les invitaient en même temps à partager l'information qui pourrait conduire à comprendre mieux des patients dans leur situation. C'est un cas semblable à celui du médecin qui donne les meilleurs soins possibles tout en notant soigneusement les effets des nouvelles drogues et des nouveaux traitements. Jamais on n'a demandé à un patient de faire quelque chose contre sa volonté.

Les funérailles : un temps de deuil et de croissance*

Roy et Jane Nichols

Nous venons d'explorer l'idée de vivre jusqu'à la mort — et des facteurs qui le permettent. Mais qu'en est-il de vivre après la mort, de faire face à la douleur et au choc qui accompagnent la mort d'un être aimé? Quels sont les facteurs qui permettent à ceux qui restent derrière de se réimpliquer dans la vie? Voilà de quoi il s'agit dans le texte qui suit.

Quelles sont les images qui vous viennent à l'esprit en pensant à des funérailles et à leur préparation? Un corps maquillé pour avoir l'air «naturel»? Des attitudes polies et sans sincérité? Des larmes retenues parce qu' «un adulte ne pleure pas»? Une cérémonie hypocrite et insignifiante? Des gens impersonnels et froids? Ce sont là des images qui viennent à l'esprit de la plupart des gens au sujet des funérailles. Elles sont devenues pour beaucoup un rituel inconfortable et insignifiant. Mais les Nichols nous donnent une image émouvante et dramatique de ce que des funérailles pourraient être : le moment des derniers adieux, de commencer à accomplir son deuil, de rendre la mort réelle en participant activement à la préparation et au service funèbre, de recommencer à vivre et à croître par l'expérience elle même.

Comme sur bien d'autres points discutés dans ce livre, c'est le contraire de ce à quoi on se serait attendu qui marche. Nous évitons aux survivants d'avoir à affronter la réalité de la mort de leur être cher; nous

---

* «Les funérailles: un temps de deuil et de croissance», par Roy et Jane Nichols. (c) 1975 par Roy Vaughn Nichols et Jane A. Nichols. Cet article, écrit spécialement pour le présent volume, est publié avec la permission des auteurs.

les remplaçons et les invitons à se contenter de regarder. Et ce faisant, nous les forçons à submerger leur deuil, ce qui prolonge et amplifie leur douleur et leur rend plus difficile d'assumer la mort. Les auteurs du texte suivant présentent une alternative à cette espèce de tromperie bien intentionnée. Je souhaiterais seulement que nous ayions tous la chance de trouver des êtres aussi aimants et compréhensifs quand la mort passe dans nos familles.

La mort et le deuil seront la malédiction ou la gloire d'un homme selon sa façon de les assumer.

Le 9 mars 1973, le jour de l'anniversaire de ma mère, mon père est mort. Je lui tenais la main. Il avait fait une crise cardiaque deux ans plus tôt et une autre deux semaines avant sa mort. Ma mère, mon frère et moi étions assis sur son lit d'hôpital, impuissants. J'ai détesté cela, mais je n'aurais voulu être nulle part ailleurs. J'avais un désir énorme d'arrêter toute l'affaire, de me sauver, de me cacher, de faire comme si ce n'était pas vrai. Mais la mort de papa convenait à sa vie. Elle arrivait à son heure pour lui. Ce qui arrivait là devait arriver. Il fallait que je me le rappelle sans cesse. Je n'ai jamais senti une telle impuissance, un tel désespoir. Quand il est mort, nous avons tous pleuré.

Comme je faisais depuis plus de dix ans le métier de directeur funéraire, comme nous étions à quelque soixante milles de mon salon funéraire et que l'hôpital souhaitait que le corps de papa fut enlevé rapidement, j'appelai un directeur funéraire de mes connaissances, trois rues plus loin. Et je l'attendis avec papa.

Vinrent deux hommes avec un cercueil, deux hommes que je n'avais jamais vus. Ils ne me connaissaient pas et ignoraient ma profession. L'émotion ne me permettait pas de m'expliquer, et je leur demandai simplement de se tenir un peu à l'écart; c'était mon père et j'allais m'en occuper. Ils acceptèrent en hésitant et j'enlevai le couvercle du cercueil, le mis en position et transportai dans mes bras le corps abandonné de papa. C'était mon boulot. J'étais son fils. C'était notre amour.

Je me sentis abandonné en regardant ces deux étrangers disparaître au bout du corridor avec papa. Papa ne les connaissait pas.

Un de mes meilleurs amis, directeur funéraire de la ville voisine de chez moi, vint chercher papa et s'occupa de l'embaumement préparatoire aux funérailles. Je m'occupai du reste — le certificat de décès, l'avis dans les journaux, le cimetière, le ministre, l'église, la famille, les amis, les voisins, tous les détails qui font normalement partie de la tâche du directeur funéraire. Je comprends aujourd'hui que j'assumais deux rôles à la fois, celui de directeur funéraire et celui de fils. Je n'avais pas besoin de faire le directeur funéraire, j'avais besoin d'être fils; et je voulais m'occuper des détails moi-même : c'était mon père, c'était notre amour, c'était mon émotion, c'était le boulot d'un fils.

Ma mère, mon frère, ma soeur et moi, avec nos époux(ses), nous trouvâmes profondément impliqués les jours suivants. Depuis quelques années, nous n'étions pas une famille très unie : ma sœur vivait en Californie, mon frère au New Jersey et moi dans notre Ohio natal. Mais en réglant les nombreux détails, en partageant les responsabilités, et les sentiments, nous retrouvions un peu la proximité et l'union de l'enfance. Papa aurait été fier de nous, il l'est sans doute. Maman est fière de nous.

La veille des funérailles, à la fin de la soirée, notre ministre, un autre ami ministre et un de nos prêtres favoris se trouvèrent par hasard au salon funéraire en même temps que quelque trente ou quarante amis. Nous improvisâmes une cérémonie de prières, qui semblait arriver d'elle-même. Nous formions un cercle, englobant quelques fleurs et le corps de papa dans sa bière; plusieurs exprimèrent leurs sentiments profonds sur la vie et la mort de papa et sur notre sentiment de la mortalité et de l'immortalité. Ce fut très consolant.

Ma famille s'occupa de bien d'autres choses : c'est nous qui avons bordé papa et fermé son cercueil (c'est dur, mais c'est vrai); nous l'avons conduit à l'église nous-mêmes. Mon frère, ma sœur et moi avons transporté papa à sa tombe, nous l'avons descendu dans la tombe avec des courroies et nos propres muscles. Nous avons fermé la voûte et pelleté la terre nous-mêmes. Nous avons mis nous-mêmes le point final à sa vie.

Je n'avais jamais demandé à papa qui il voudrait près de lui quand il mourrait. Mais je suis certain qu'il m'aurait répondu : « Les gens que j'aime le plus ». Nous avons eu la chance de nous occuper de presque tout nous-mêmes, pour nous-mêmes, pour nos besoins, pour notre paix et pour commencer à accomplir immédiatement notre travail de deuil.

Plus tard, des semaines plus tard, je me rendis compte de ce qui s'était passé et pourquoi cela avait été possible. En tant que directeur funéraire, j'avais le savoir-faire, es instruments, les connaissances et la compétence voulue. Mais en agissant comme directeur funéraire, je manifestais en réalité mes besoins et mes responsabilités de fils. C'était mon boulot ! Je n'aurais tout simplement pas pu permettre à des étrangers de servir de fonctionnaires.

Mais n'avais-je pas fait moi-même des centaines de fois le métier de fonctionnaire ? Combien de fils sont restés dans le vide parce que je me suis occupé de tout comme fonctionnaire et ne leur ai rien laissé faire. Dans l'expérience personnelle de la mort de mon père, mon travail de deuil avait pu commencer tôt parce que j'avais eu l'occasion de mettre mon affection dans les derniers détails de sa mort et de ses funérailles. J'avais eu l'occasion de participer et de m'impliquer à tous les niveaux. Chez combien de fils, de filles, de parents et d'époux avais-je retardé le travail de deuil en m'occupant de toutes les tâches pour eux, en usurpant comme fonctionnaire leur rôle de parents attentionnés. Combien de fois avais-je pris des décisions pour une famille sans les consulter, certain qu'« ils ne le supporteraient pas ». Ils ont le droit d'être entendus. Il faut mettre l'accent sur leurs besoins, leurs réactions et leur expérience préalable. Mon rôle dans le service funéraire changea immédiatement; je devins un intermédiaire. Je le suis toujours.

Directeur de funérailles intermédiaire, je n'ai pas de limites à imposer. Je reste ouvert au besoin et au désir des gens de s'impliquer pour la dernière fois, de s'occuper physiquement du membre de la famille proche ou de l'ami qui est mort.

Ce sont les jeunes qui semblent le plus vouloir assumer ces devoirs. Peut-être est-ce qu'ils ont été élevés dans une génération où la mort est restée inconnue. Peut-être est-ce qu'ils vivent dans un monde si compliqué et si irréel. Peut-être ont-ils appris à rejeter les débris du matérialisme et à rechercher des expériences personnelles, pertinentes et signifiantes. Peut-être n'ont-ils pas eu le bénéfice d'une expérience réaliste préalable de la mort. Quoi qu'il en soit, ils semblent vouloir s'impliquer dans l'expérience funéraire.

Considérons Butchie, un petit garçon de deux ans qui s'était noyé dans l'étang d'un voisin. Le corps avait été amené à l'hôpital le plus proche et les parents, âgés de dix-neuf et vingt-deux ans, y étaient restés, en état de choc, assis immobiles devant une tasse de café, regardant d'un air absent la fumée monter de leur cigarette.

C'est presque vingt-quatre heures plus tard qu'un voisin intervint et nous fit demander. Durant une bonne partie de l'entrevue initiale avec les parents de Butchie, nous voyions leur attention dériver. Ils n'étaient pas vraiment présents; ils ne pouvaient pas le croire; ils auraient voulu être ailleurs. Frappés par la sévérité de leur état de choc et de dénégation et armés de ce que nous avait appris la mort de papa, nous leur avons simplement dit : « En apportant les vêtements de Butchie au salon funéraire, vous nous direz si vous voulez ou non habiller le corps de Butchie. Ne répondez pas tout de suite, repensez-y et vous nous le direz à ce moment-là. »

Ils arrivèrent trois heures plus tard et Carol nous dit qu'ils voulaient habiller leur fils. Nous nous assîmes tous par terre pour en parler et les préparer à ce qu'ils voulaient faire. Ça ferait mal. Bon, que ça fasse mal. Un jour ils comprendraient et tout serait bien. Mais pas aujourd'hui.

Il fallut plus de deux heures pour habiller Butchie. Nous avons regardé, nous avons juré, nous avons pleuré, nous avons parlé, nous nous sommes excusés, nous avons partagé, nous avons cherché, fouillé, pris notre temps. Ensemble tous les quatre, nous avons trouvé à travers le choc et l'incrédulité le début du chemin de l'acceptation émotionnelle de ce qui était arrivé.

Quand les amis arrivèrent, Carol et Charles étaient réconciliés avec eux-mêmes, ils s'étaient libérés d'énormes poussées d'émotion et étaient prêts à recevoir l'affection, le souci et le soutien de leur communauté. Ils avaient laissé derrière eux le choc, la dénégation et quelque hostilité et leur travail de deuil avançait.

Les funérailles — les quelques jours qui suivent une mort — ont plusieurs buts, l'un des plus importants étant de faciliter le travail de deuil. Le travail de deuil commence quand on accepte, quand on fait face. Il faut venir en contact avec la réalité de la mort. Il ne s'agit pas seulement d'une acceptation intellectuelle, elle doit être aussi émotionnelle. Ce qui semble une acceptation peut leurrer et devenir très, très destructeur si l'acceptation n'est qu'intellectuelle.

Carol est une femme professionnelle, vive et énergique. Quand Russ, à 43 ans, mourut subitement dans ses bras à la maison, elle prit des tranquillisants pour éviter la douleur. Un conseiller professionnel ajouta à la tranquillisation ce conseil : « Nous ne pleurons pas pour ces choses-là, n'est-ce pas ? »

Ni Carol ni ses trois enfants ne pleurèrent. Ils étaient si braves, si forts. Ils se dressèrent contre l'émotion et firent de leur maison un sanctuaire où Russ pourrait vivre avec eux. Quelques dix-huit mois après la mort de Russ, Carol nous appela, désespérée. Elle souffrait de maladies et de douleurs psychosomatiques, elle avait perdu beaucoup de poids, elle était malheureuse et irritée.

Nous nous rendîmes dans la ville éloignée où habitait Carol et la trouvâmes dans une robe bleue, la maison repeinte en bleu, une voiture bleue à la porte. Évidemment, le bleu était la couleur favorite de Russ. Ses vêtements étaient à leur place, son rasoir, sa pipe, son fauteuil ; il y avait une photo de lui dans chaque pièce ; la maison était transformée en un mémorial de Russ.

« Quand laisseras-tu Russ mourir ? » lui demandâmes-nous. « Je ne veux pas qu'il meure », répondit-elle. « Mais il est déjà mort. » — « Je sais qu'il est mort, mais je ne veux pas qu'il meure. » Elle savait intellectuellement qu'il était mort ; elle le niait émotivement.

Sa réaction initiale de choc et de dénégation s'était prolongée en un cauchemar destructeur parce qu'elle n'avait jamais eu l'occasion de réaliser sa perte. Elle avait été tranquillisée par des médicaments, des conseillers insensibles et un rituel funèbre qui permettait la dénégation. En dix-huit mois, elle avait passé trois conseillers et perdu son emploi, mais il ne s'était trouvé personne pour la tirer doucement et tendrement de son choc et de sa dénégation et la ramener au monde réel.

L'acceptation émotionnelle demande du temps et du travail et de la souffrance et du mal. Les soignants, professionnels ou non, se font souvent prendre à protéger les survivants de la douleur, ce qui ne fait que prolonger la douleur et la remettre à plus tard. On ne peut pas enlever la douleur. Et s'il arrive souvent qu'une personne frappée d'un deuil veuille se retirer de la réalité (qui ne le voudrait pas ?), il y a souvent une grande différence entre ce que les gens veulent et ce dont ils ont besoin. Il faut prendre conscience des dangers graves du deuil évité et prolongé et nous donner les moyens, l'ouverture et l'attitude d'acceptation qui permettra à celui que frappe le deuil d'accepter la mort qui l'atteint. La participation aux funérailles nous approchera de ce but.

Dans la société américaine qui se méfie tant de la mort, qui révère tant la jeunesse, qui cache les vieux et les malades dans des institutions, dont les média montrent la mort tragique, horrible, illégitime, refusée, et rarement paisible et acceptée, qui tient tant à ce que tout soit confortable et pratique, qui cherche à manipuler et à contrôler son environnement total ; dans une telle société, la mort apparaît souvent comme une insulte, malvenue, sans nécessité, surimposée à la vie. L'idée que la mort ne puisse pas faire partie du Rêve américain et de la Belle Vie inhibe gravement l'acceptation de la mort et la capacité conséquente d'accomplir le travail de deuil. Notre expérience de directeurs funéraires nous révèle donc chez les gens une forte tendance à se retirer de l'expérience de la mort et à demander à un fonctionnaire de s'occuper de la tâche. Et pourtant notre expérience lors de la mort de papa nous a fait voir les avantages qu'il y a à se rapprocher de l'expérience de la mort, à devenir participant plutôt que spectateur.

C'est un peu comme le football. On peut y jouer ou y assister. Chaque spectateur s'implique à son propre niveau :

les uns choisissent de rester à la maison et le jeu reste pour eux une idée, un concept; d'autres choisissent d'assister au match, mais ont l'esprit ailleurs, si bien que le match devient un pique-nique au parc, un concert symphonique ou tout ce que l'esprit en fait; d'autres s'asseoient passivement et se contentent de regarder; d'autres ont pris tant de calmants qu'ils s'aperçoivent à peine de ce qui se passe; d'autres sont si occupés à acheter des *hot dogs* et à aller aux toilettes qu'ils ne connaissent jamais le compte; d'autres s'impliquent autant que les joueurs, mais sans recevoir les coups. Ce sont les joueurs qui connaissent le mieux le jeu : ils ont étudié, pratiqué et se sont préparés au match. Les joueurs sont plus conscients du match et de ses résultats parce qu'ils encaissent la douleur de chaque coup.

Il en va de même de la réaction à la mort. Il y en a qui tentent de la réduire à un concept abstrait, d'autres qui sont des spectateurs passifs, d'autres des spectateurs actifs, et d'autres des joueurs. Comme le travail de deuil dépend de la reconnaissance de la réalité du jeu et de la volonté d'implication des participants, il est à prévoir que ceux qui choisissent de jouer le jeu et d'encaisser les coups sont les plus conscients de la réalité de la mort et comprennent le mieux leur réaction à la mort.

Les gens trouvent eux-mêmes leur propre niveau d'implication, et il faut qu'ils le fassent volontairement. Il ne faut jamais imposer à une personne en deuil un rôle de participant ou de joueur. On doit permettre à celui qui en a besoin de nier et de se retirer, mais lui en faire voir aussi les conséquences possibles : inadaptation et réaction de deuil différée. Les risques sont graves et sérieux. Les émotions s'expriment comme une blessure ouverte qui guérit ou une blessure fermée et infectée, honnêtement ou malhonnêtement, convenablement ou non. Mais les émotions s'expriment toujours, et le deuil s'accomplit toujours.

Les gens en deuil ont dans les tripes toute une jungle d'émotions qui doivent s'exprimer d'une façon ou d'une autre. Parfois ouvertement, parfois en parlant, parfois en pleurant, parfois poétiquement, parfois rituellement : peu importe comment, il faut que les gens aient l'occasion d'exprimer leurs vrais sentiments, car le deuil irrésolu est horrible et destructeur.

Il faut encourager les gens à parler de la personne qui est morte, à évoquer son souvenir, à se le rappeler et peut-être même, hé! oui, à parler à la personne qui est morte.

Quand Mary Margaret, à l'âge de six ans, mourut au bout de deux ans de leucémie, ses parents choisirent de rester avec elle dans la chambre d'hôpital jusqu'à notre arrivée. Il ne fallut que quelques mots pour nous faire comprendre qu'ils souhaitaient participer profondément à sa mort et à ses funérailles. Mary Margaret était leur fille, leur amour, leur responsabilité. Son père souleva le corps ravagé et le plaça dans le cercueil. Il poussa le cercueil le long des corridors jusqu'à la voiture qui attendait et où il l'installa. La mère demanda à accompagner sa Mary Margaret au salon funéraire. Ils passèrent quelques heures seuls avec Mary Margaret, leur ministre et nous. Le lendemain, la mère et la grand-mère maternelle de Mary Margaret vinrent habiller son corps et l'installer dans la bière. Après les heures de visite, les amis rentrés chez eux, les parents restèrent longtemps avec elle, lui parlant et priant pour elle. Le lendemain, ils fermaient le cercueil et le portaient eux-mêmes. Au moment de partir pour le service funèbre à l'église, ils nous dirent : « Nous sommes prêts... c'est le temps ». Nous savions ce qu'ils voulaient dire. Ils avaient vécu la transition, ils étaient prêts à abandonner son corps, ils avaient commencé à se souvenir, ils souffraient moins et ils pouvaient se mettre à chercher à comprendre et à s'ajuster à la vie sans sa présence physique.

Il y a en Amérique un mouvement qui tend à disposer du corps dès le moment de la mort et à tenir un service funèbre en l'absence du corps; on y insiste sur les qualités de la vie du défunt dans une atmosphère de pseudo-calme et de tranquillité. Si cette procédure peut convenir à une mort attendue, notre expérience révèle que dans les cas de mort subite ou inattendue, de morts d'enfants ou de mort prévue où le deuil préparatoire n'est pas complété, les besoins de deuil des survivants sont souvent aigus et un rite funèbre qui donne l'occasion de vivre la réalité de la perte, d'exprimer ses vrais sentiments et de sentir le soutien de la communauté convient mieux au travail de deuil. Un rite qui inclut une certaine implication et participation des survivants facilite et précise le travail de deuil. Toute autre attitude est une insulte et une abomination pour la santé physique et mentale des survivants et leur prépare de sérieuses difficultés d'adaptation. Notre expérience révèle que c'est souvent le corps qui est la clef qui ouvre la porte à l'expression des sentiments vrais et honnêtes. Le corps, si on s'en sert judicieusement, est spécialement utile pour faire bien entreprendre le travail de deuil et le faire rapidement.

L'intensité avec laquelle les gens sentent leurs besoins varie, de même que le niveau de leur implication dans les funérailles. Si on le leur permet, si on leur offre un peu d'encouragement, d'amour et d'interprétation et qu'on leur tient la main, ils peuvent s'impliquer profondément sans chercher à fuir. Il vaut mieux s'impliquer trop que pas assez. Au niveau émotionnel, on ne peut ni faire des répétitions pour se préparer à la mort, ni la faire rejouer plus tard; aussi est-il essentiel pour bien s'ajuster de se conduire sagement et de prendre les décisions qui faciliteront la croissance de la personne en deuil. Les funérailles sont utiles si elles répondent aux besoins sociologiques, psychologiques et philosophiques de ceux qui perdent un être cher.

Peut-on satisfaire à ces besoins en fuyant, en niant ou en se contentant de regarder? En engageant un fonctionnaire pour s'occuper de tout? En se protégeant de la douleur? Nous n'avons pas le choix d'éviter la douleur; nous avons le choix de laisser la douleur venir vite et dure, ou lente et dure; c'est notre seul choix.

Keith, un bébé mongolien d'un an, mourut dans la voiture de ses parents au retour d'une semaine de vacances. Keith y avait attrapé un rhume, et ils avaient décidé de rentrer selon le conseil de leur pédiatre. Une invasion fulgurante de pneumonie projeta la mort dans les vies de Sue et Rob, de façon tout à fait inattendue.

Notre première rencontre avec Sue et Rob dura six heures; ils se vidèrent de leurs émotions, nous parlèrent de leurs difficultés avec la police et les médecins du village étranger qui avaient fait enquête sur la mort de Keith, nous racontèrent leur réaction hostile et leur désir de mort à la naissance de Keith cinquante-trois semaines auparavant (qui veut d'un enfant mongolien?), nous expliquèrent comment ils avaient pris conseil et étudié le mongolisme et appris à chérir profondément leur Keith, comment ils se préparaient à structurer leur maison et leur mariage pour élever un arriéré. Et voici que le bébé Keith meurt. Quelle insulte, quelle culpabilité, quelle douleur, quelle honte! Avoir voulu sa mort, avoir appris à l'aimer, avoir voulu qu'il vive, et voilà qu'il meurt.

Rob et Sue voulurent s'impliquer intensément. Sue était enceinte de plus de sept mois. Le fœtus Deux entrerait bientôt dans leur vie et le fœtus Un était mort soudainement. Sue et Rob avaient environ six semaines pour résoudre leur deuil et se préparer à aimer le fœtus Deux. À son travail, Rob dirigeait un groupe de programmateurs d'ordinateurs; il lui fallait garder l'esprit clair, diriger des gens et tenir en ordre des masses de données et d'information. Il ne pouvait pas se permettre de rester pris dans des émotions refoulées en dirigeant son bureau. Rob et Sue décidèrent de se vider de leur douleur vite et bien.

On choisit pour cette tâche spécifique un ministre doué d'un talent spécial pour parler aux gens qui souffrent. Rob et Sue préparèrent pour les funérailles un ruban de musique de folklore choisie dans leur discothèque personnelle et spécialement signifiante pour eux. Ils choisirent de passer tout un avant-midi seuls avec le corps de Keith, avant l'arrivée des autres. Ce qu'ils dirent, ce qu'ils firent, et pourquoi, seuls eux et Dieu et Keith le savent. Mais cela leur fut utile. Le jour des funérailles, après le message très précis et pertinent du ministre, Rob et Sue fermèrent le petit cercueil de Keith et le tinrent sur leurs genoux en se rendant au cimetière où les accompagnèrent une quarantaine d'amis. Ils voulaient que tout fut honnête et réaliste; la tombe n'était donc pas cachée sous du gazon artificiel et le tas de terre était apparent. Rob et Sue s'agenouillèrent près de la tombe et spontanément, sans intention préalable, déposèrent le cercueil dans la tombe et commencèrent à jeter la terre dans la tombe. Le ministre, bien avisé, dit simplement : « Je crois que les enfants ont besoin d'aide. » Les quarante amis se passèrent la terre, une poignée après l'autre, sans pelle, jusqu'à ce que la tombe soit pleine. Et ils restèrent les mains toutes sales à écouter le ministre leur expliquer ce qu'ils venaient de faire, pourquoi ils l'avaient fait et ce que cela voulait dire pour eux.

Rob et Sue en avaient terminé en quatre jours avec la mort soudaine de Keith. Ils croient toujours avoir eu raison de prendre la douleur en vitesse et à la dure. Ils continuent volontairement à traiter de leurs émotions au sujet de la vie et de la mort de Keith (il y a trois mois maintenant). Rob affirme qu'il fonctionne bien au bureau, libre de tout sentiment refoulé. Ces jeunes parents continuent à progresser parce qu'ils ne sont pas écrasés par un deuil inhibé.

Un travail de deuil réussi permet de se souvenir du défunt sans souffrance émotionnelle et de réinvestir ses surplus d'émotion. Si l'expérience du travail de deuil est lente et pénible et difficile, elle est aussi enrichissante et pleine. Les gens les plus beaux que nous ayons connus sont ceux qui ont connu la défaite, la lutte et la perte et qui ont trouvé le moyen d'en sortir. Ces gens-là ont une façon sensible et compréhensive d'apprécier la vie qui les remplit de compassion, de douceur, d'attention et d'amour. On ne devient pas beau par hasard.

Les tours et détours de nos vies recèlent des occasions de croissance imprévues. Devant la mort et le deuil, nous n'avons pas besoin d'être protégés de la douleur tant que d'oser l'affronter. Nous n'avons pas besoin de tranquillisants pour éviter la douleur, mais de force pour l'assumer. Si on choisit d'aimer, il faut avoir aussi le courage de pleurer.

Quelle bénédiction quand nous prenons le temps d'oublier notre belle efficacité de professionnels pour prendre soin, consoler, partager, écouter, sentir et réagir les uns aux autres et à nous-mêmes. Quelle bénédiction que de prendre le temps d'intégrer les pertes dans nos vies si bien que quand nous perdons un être aimé, nous ne perdons pas aussi notre capacité d'aimer. Le deuil peut nous faire grandir.

Le deuil et la croissance d'une mère*

Edith Mize

La mort d'un de ses enfants est une de celles qu'on accepte le plus difficilement. «Pourquoi lui plutôt que moi?» C'est un rappel brutal de ce que la mort ne suit pas d'ordre prévisible, mais choisit elle-même son heure et son lieu. Si pénible que soit cette expérience, ce peut être le point de départ d'une croissance pour qui relève le défi. Quand on perd un être aimé, on a deux choix : vivre en cachant sous une mince façade le deuil, le remords ou la culpabilité, ou faire front à ces sentiments, les traverser et s'en sortir en ayant accepté la mort et choisi la vie.

J'ai souvent vu des parents qui venaient de perdre un enfant mettre leurs sentiments par écrit; c'est une façon de vivre son deuil. On peut souvent écrire ce qu'on ne pourrait dire ni autrement formuler en pensées concrètes dont on pourrait alors s'occuper. Edith Mize nous rapporte dans les pages qui suivent, en ordre chronologique, des moments de ses conversations avec son fils gravement malade avant sa mort à l'âge de 26 ans. On l'y voit lutter et passer du choc et de la dénégation à l'acceptation. Puis, après sa mort, elle continue à progresser en prenant l'écriture comme moyen de traverser son deuil et de retrouver le goût et la manière de vivre.

Ces passages sont les écrits d'une mère qui souffre et se bat et trouve dans l'écriture un moyen d'exprimer et de traiter sa souffrance intérieure. Elle a tra-

---

* *Le deuil et la croissance d'une mère,* par Edith Mize. (c) 1975 par Edith Mize. Cet article, écrit spécialement pour le présent volume, est publié avec la permission de l'auteur.

versé le deuil et le regret, elle n'en est pas encore sortie, mais c'est dans la souffrance qu'elle devient créatrice, c'est de ses larmes qu'elle tire des mots de beauté et d'amour.

Choc
(le 15 février) Après son opération :
« Pourquoi est-ce que cela m'arrive ? »

RON

Dénégation
« Ça ne se peut pas. Il va guérir. »

MÈRE

Colère (un recours contre l'angoisse)
(Mars)
« Je ne veux plus de ces cartes de 'Prompt rétablissement'. »

RON

Espoir
« Il reste de l'espoir, n'abandonne pas. On fait bien des choses pour t'aider. »

MÈRE

Isolation
« Cesse de m'appeler tout le temps ou je fais changer mon numéro de téléphone. »

RON

« Mais je me fais du souci pour toi et tu ne rappelles pas. »

MÈRE

Marchandage
(Le 27 avril)
« Joyeux anniversaire, Ron et Lisbet. » (Nous avons fait une petite fête.)
J'ai prié pour demander un miracle ; je ne peux pas abandonner.

MÈRE

Ron est allé passer deux semaines de vacances chez des amis en Californie (l'État qu'il préfère).

(Le 7 mai)
Mon anniversaire. Heureuse qu'il soit encore avec nous.

MÈRE

« Cesse donc de te faire un conte de fées. Ce n'est pas une amygdalite que j'ai là. »

RON

« Il reste de l'espoir. Je t'en prie, n'abandonne pas déjà. »

MÈRE

Colère (frustration)
(Juin)
« Pourquoi est-ce que je me donne tant de mal à réparer ma Volkswagen ? Je ne l'emporterai pas au Paradis. »

RON

« Mais pense à toute l'expérience qui tu y as gagnée. »

MÈRE

Colère
(Juin)
« Ron, tu ne mourras pas du cancer, mais d'une commotion. Tu me fais fâcher. Sois positif. Je ne peux pas te laisser partir tout de suite. »

MÈRE

Il rit et répondit : « O.K., tu n'abandonnes jamais. »

RON

« C'est en plein ça ! »

MÈRE

Dépression (la réalité assumée)
(Le vendredi 13 juillet, à la maison)
« Laisse-moi partir. Je ne peux pas vivre comme ça. Je souffre trop, je suis trop faible, je suis fatigué de lutter. »

RON

« Si tu souffres trop et qu'il n'y a plus d'espoir, je te laisse partir. »

MÈRE

« Bon, allons en bateau. Je suis fatigué de la maison. Je vais à la pêche. »

RON

« D'accord, c'est une bonne idée. »

MÈRE

Dépression (réaction normale)
« Je ne peux plus supporter ces traitements. Je ne servirai

pas de cobaye; les traitements ne m'aident pas. Ils me rendent malade.»

RON

«Je t'en prie, essaie, tout le monde t'aime.»

MÈRE

(Une visite à l'hôpital, le 27 juin)
«Pas tout de suite, Ron.» (Mais je savais.)

MÈRE

«Je voudrais qu'on me dise ce qui ne va pas. Ils ont tenu une consultation à mon sujet, mais ils ne m'ont pas invité.»

RON

Acceptation
(Le 3 août, stade final et paisible.)
«J'ai un petit mal de tête. Je ne souffrirai plus beaucoup.»

RON, À SON AMI TOM

Acceptation
(Dimanche, le 5 août.)
Ron est dans le coma. Il dort paisiblement.
«Adieu, Ron, que Dieu te bénisse. Je t'aime tant.»
J'ai abandonné, cela valait mieux pour lui. Je ne voulais pas qu'il souffre.

MÈRE

Les problèmes du mourant sont réglés, mais la famille doit vivre. Ils doivent alors vivre leur deuil. Il est utile d'être préparé à la mort (deuil préparatoire). La famille finit par apprendre à vivre malgré la perte. Le deuil n'est pas limité dans le temps. On ne sait pas «pourquoi», mais on continue à vivre. La mort d'un jeune adulte est difficile à accepter.

Le deuil

Quand quelqu'un qu'on aime meurt, on se sent comme engourdi, on sent un besoin et une protestation. On a perdu une partie de soi-même; on se sent désorganisé; on pleure beaucoup. On est nerveux, on peut se sentir coupable. On aurait peut-être pu aider celui qui est mort, mais on ne sait pas comment. On est fâché qu'il soit mort, fâché contre l'univers. On est si seul; la solitude est un des plus grands problèmes du deuil. Et c'est un problème qu'il faut régler tout seul.

Le premier stade du deuil est le choc, qui est utile temporairement. La personne en deuil n'est pas écrasée par l'énorme perte de l'être aimé tout de suite après la mort. Il y a bien des choses à faire et on les fait automatiquement. Je me tenais très occupée en essayant de ne pas penser que Ron n'était plus là. Je ne pouvais pas croire qu'il fut parti et j'espérais un lendemain meilleur.

Je compris bientôt que notre fils unique était parti, et la foi religieuse ne me fut d'aucun secours. Je cherchais des réponses et il n'y en avait pas. Je pensais tout le temps : «Que vais-je devenir sans lui? Il me manque.» Chacun réagit au deuil à sa façon. J'ai besoin de croire que mon fils existe quelque part, je ne sais pas où. Le reverrai-je? Je ne le sais pas, mais je l'espère. Cette croyance repose sur mon besoin émotionnel et non sur un raisonnement.

En traversant les étapes du deuil, j'ai souffert des symptômes psychosomatiques ordinaires : j'avais mal partout, j'étais pleine de tension émotionnelle. J'étais fatiguée et je ne pouvais pas dormir. J'avais vécu à la limite de mes capacités durant les six mois de sa maladie et sa mort m'affectait profondément. Sa mort avait détruit mon attitude optimiste.

Par moments, après sa mort, j'étais distraite; je paniquais; je ne fonctionnais pas comme j'aurais voulu. Je sais que ces divers stages du deuil sont normaux, mais si on ne le savait pas, on croirait que quelque chose ne va pas.

J'éprouvai un peu de culpabilité, me disant que comme je suis infirmière, j'aurais dû voir que notre fils avait le cancer. Mais je n'avais nul moyen de le savoir. Il ne s'était jamais plaint, ne s'était jamais senti malade, et le cancer attaquait son corps lentement. La culpabilité est une réaction courante chez les gens en deuil.

J'éprouvais aussi de la colère à bien des sujets. Il était trop jeune pour mourir, mais qui peut dire quel est le bon âge pour mourir? Son heure était venue, pour quelque raison secrète. Je ne sais pas pourquoi il fallait que ce soit maintenant.

On ne peut pas accélérer le deuil, mais la personne en deuil retrouve éventuellement un équilibre émotionnel. On ne peut pas ramener celui qu'on aime et il faut affronter la réalité. Il y a eu un changement dans ma vie; ma vie doit donc avoir plus de sens. J'ai regardé mon fils lutter pour vivre et je l'ai vu accepter la mort. Il savait qu'il n'y avait plus d'espoir et il était devenu très brave. Il fallait que je sois forte pour lui, je ne pouvais pas le décevoir.

Par moments, le deuil me consume, mais j'apprendrai à vivre avec ce vide. Je ne peux oublier notre fils et je n'arrive pas encore à comprendre sa mort. Mais il faut que je continue. Il faut du temps pour résoudre le deuil. J'essaie d'avancer. Notre fils ne voudrait pas que je passe tout mon temps à le pleurer. Il m'a toujours dit d'aller de l'avant et j'en ferai l'effort pour lui. Je ferai tout ce que je pourrai de mon mieux. Quelle perte que le départ de quelqu'un d'essentiel comme Rob. Quand la mort frappe, le coup est terrible et la douleur énorme. Les blessures douloureuses guérissent lentement, surtout celles du cœur. Je ne peux pas démissionner, j'essaie de donner un sens à ma vie.

AU DOCTEUR

Sais-tu comment se sent
Celui qui meurt?
Peux-tu comprendre un peu
Celui qui pleure?
Regarde donc celui
Qui dépend de toi
Qui dépend de ta force
Et de ta compassion.

Il est déjà si mal
Sa vie tire à sa fin.
Il a besoin de toi,
Soulage sa douleur.
Il lui faut du courage
Pour livrer ce combat.
Qui sait s'il sortira
De cette longue nuit?

Aide-le chaque jour;
Il fait tout ce qu'il peut,

Il va vers l'inconnu,
Il sait qu'il va mourir.
Ah, ce qu'il voudrait vivre,
Que la vie est injuste !
Dis-lui que tu es là,
Que tu es avec lui.

ACCEPTATION

Pourquoi est-on si triste
Quand il faut mourir ?
C'est pour tout ce qu'on quitte,
C'est tout cela qu'on pleure.

Ce n'est pas qu'on ait peur ;
On aurait peur de quoi ?
Mais c'est pour tout cela
qu'il faut abandonner.

Regarde la lumière
En avant et plus haut.
Ne désespère pas
Et tout finira bien.

C'est à la vie qu'on pense
En venant à mourir.
Les deux sont des combats
Dignes d'être livrés.

ESSAIE ENCORE

J'en ai marre du malheur,
J'en ai marre de souffrir.
Je voudrais revenir
À la vie comme avant.

Oui, la vie continue
Quand on perd un amour,
Mais je la trouve dure,
Moi qui reste à pleurer.

Aujourd'hui, j'essaierai
De sourire à nouveau.
La mort est disparue,
Elle a quitté ma porte.

Je vais recommencer,
Essayer de nouveau
Et refaire l'effort
De me remettre à vivre.

Ce sera difficile,
Je ne le sais que trop.
Mais je ne lâche pas,
L'épreuve m'a grandie.

Je l'aimais tellement,
Le sort est trop injuste.
Il est parti le premier,
Il m'a laissée derrière.

La peine est dans mon cœur
Pour quelque temps encore.
Mais hier est fini,
Demain je sourirai.

Qu'est-ce qu'une vie signifiante? Qui peut expliquer la mort? Il n'y a pas de réponses toutes faites. C'est en soi-même qu'on trouve les réponses. Ce qui vous rend heureux et confiant dans la vie, voilà votre réponse à la question de l'existence. L'ambition, des buts à atteindre et un espoir en l'avenir, voilà ce qui rend la vie digne d'être vécue.

J'accepte bien le fait que je vais mourir un jour, mais j'ai eu de la difficulté à accepter que notre fils unique meure en sa jeunesse; il a cependant atteint plusieurs de ses buts. Quand il n'est plus resté d'espoir, il a bien fallu que je le laisse partir.

J'aurais voulu qu'il me parle plus de la vie et de la mort, puisqu'il savait qu'il allait mourir. Il est bouleversant pour un malade terminal de parler de la mort avec ceux qu'il aime, surtout avec sa mère. Nous nous aimions beaucoup, il me manquera toujours. Il aimait la vie et il a dû accepter l'épreuve de la mort. Vers la fin, il comprenait que je pourrais accepter le fait qu'il nous quitte. Il était brave, il fallait que je le sois aussi. Je suis contente que son père, sa sœur, ses amis et moi soyons restés avec lui. Il est mort en paix. Il n'est pas mort en vain.

Plusieurs personnes ont donné de l'argent à l'hôpital en sa mémoire; il servira à des recherches; j'en suis reconnaissante. Je suis fière que le souvenir de Ron se perpétue pour une bonne cause. Je suis sûre qu'il en serait très surpris. Il ne savait pas qu'il avait cette importance pour tant de gens. Nous sommes parfois si occupés que nous oublions de montrer aux autres que nous les aimons, et nous prenons trop de choses pour acquises. J'en suis coupable aussi.

Si ce que j'écris vous a fait vous arrêter et penser à la vie et à la mort, si je vous ai aidés à comprendre, alors j'ai accompli quelque chose, à ma façon. Je sais que la mort de notre fils a donné plus de sens à ma vie... qu'il repose en paix. Et moi je conserverai « la volonté de croire ».

La mort d'une femme : victoire et triomphe*

Dorothy Pitkin

C'est le mourant qui a le dernier mot sur la qualité de la mort et de la vie. C'est la personne qui meurt qui décide de la note finale de sa vie : la mort peut être l'aboutissement d'une vie bien vécue ou simplement la fin d'un certain nombre d'années passées en ce monde. Si j'ai choisi les derniers écrits de Dorothy Pitkin, ce n'est pas tant à cause de ce qu'ils disent sur la mort, car au fond la mort n'en est pas le vrai sujet, mais de ce qu'ils ont à dire sur la vie. Ils nous donnent un aperçu de la fin d'une vie que les circonstances dénuent de sens et de dignité et font en même temps le portrait d'une femme qui refuse d'abandonner son humanité. Je n'ai jamais rencontré Dorothy Pitkin, et pourtant je me sens très proche d'elle. Elle aura été une travailleuse acharnée, une mère, un écrivain, mais peut-être surtout une combattante pour la vie. Comme l'écrit son fils : «...elle ne se résigna jamais et pourtant, elle mourut enfin avec beaucoup de sérénité et de dignité. Nous avons tenu à ce que son enterrement sous le phare de l'île de Monhegan et le service funèbre que nous avons célébré pour elle réflètent son caractère affirmatif et rebelle.» Ma principale raison d'inclure ses écrits, c'est qu'on y découvre une femme d'une force intérieure fantastique; elle n'est ni déshumanisée ni vaincue, et réussit à croître; elle meurt «grande» même si, qui sait, elle ne mesurait peut-être que cinq pieds. À la fin, on est toujours seul. Mais ce n'est ni le nombre de personnes qui nous entourent au moment de la mort, ni le nombre

* «La mort d'une femme : victoire et triomphe», par Dorothy Pitkin, édité par R.C. Townsend. Titre originel: «The Cold Literal Moments», (c) 1974 par The Massachusetts Review, Inc. Reproduit avec la permission de la Massachusetts Review.

d'années qu'on a vécues qui comptent; c'est la qualité de notre vie et le courage dont nous avons fait preuve qui nous donnent à la fin la force d'affronter ce dernier voyage, seul et dignement. Nous présentons les derniers écrits de Dorothy Pitkin après une lettre de son fils qui décrit sa philosophie et sa mort.

Dorothy avait soixante-quinze ans et pesait quatre-vingt livres quand elle est morte, mais elle n'avait jamais été vieille. Elle refusait d'être une vieille dame et même le rôle de grand-mère ne lui plaisait pas trop. Elle était à son mieux avec ses enfants dans une relation de personne à personne. L'enfance avec Dorothy pour mère ne fut pas facile. C'était une personne puissante et il fallait travailler fort pour trouver son propre centre face à une telle force. Mais elle voyait à respecter et à stimuler l'imagination de ses enfants en leur donnant la liberté et les moyens d'explorer leur propre univers imaginaire. Elle répondait avec enthousiasme à nos enthousiasmes. Elle eut la chance d'épouser un homme qui l'adorait et respectait son indépendance. Ils aimaient la campagne et appréciaient les mêmes plaisirs simples. Mais le mariage et la famille ne suffisaient pas à Dorothy et nous savions tous plus ou moins douloureusement que nous n'étions pas le centre de sa vie.

Au commencement était le verbe, et le verbe était Dieu. Le verbe était pour Dorothy la pierre angulaire. L'écriture était son ancre. C'était à la fois une tyrannie terrible et sa seule libération. Elle était enchaînée à sa machine à écrire comme Prométhée à son rocher, et pourtant c'étaient son univers et son jardin. L'écriture était son art et sa religion. Elle s'assit à sa machine à écrire jusqu'à deux semaines avant sa mort; de toute sa vie, elle n'avait guère passé de jour sans sa présence intime. Au cours des dernières semaines où elle ne pouvait plus taper, elle écrivait dans les marges des livres et sur tous les bouts de papier qu'elle trouvait. Des prières, qui disaient toutes la même chose : « Mon Dieu, aidez-moi à trouver le chemin. » Il serait trop facile de dire qu'elle a trouvé le chemin, mais elle s'était toujours orientée sur l'étoile polaire, sans jamais en dévier. Dorothy avait ce rêve d'un endroit où tout était bien, c'était son refuge, et c'était l'étoile polaire qui l'indiquait. Elle avait toujours espéré le trouver « de l'autre côté de la médaille », comme elle disait.

Dorothy avait mangé très tôt du fruit de la connaissance et portait le poids de savoir que la vie n'est pas ce qu'en font les conventions. Elle célébrait la beauté terrible de la vie. Sa conscience lui ravit toute complaisance et même la quiétude à laquelle elle eut aspiré. Une quiétude qu'Henry David Thoreau lui promettait, croyait-elle. Thoreau fut longtemps son gourou; elle trouvait confirmée chez lui sa conviction du caractère illusoire d'une vie passée à poursuivre la respectabilité et les biens matériels. Elle disait oui à la vie. Elle était notre gourou. Et pourtant Dorothy obtint sa part des succès de ce monde. Elle voulait que la notice nécrologique la décrive comme écrivain et actrice. Elle était fière de ses quatre livres, mais les repoussait toujours en disant qu'ils n'étaient qu'une approximation de ce qu'elle voulait dire, de ce qu'elle devait dire.

La peur fut une compagne constante de sa vie. La peur qui accompagne tous ceux qui sont conscients de la souffrance de la vie, de ses absurdités et de sa beauté. Cette crainte qui est la matière dont viennent tout art, toute poésie et toute découverte. C'est l'antithèse de la complaisance. Elle n'a jamais fait de projet quant à sa mort, elle ne s'y est jamais résignée, elle ne philosophait même pas à son sujet. Pour elle, c'eût été démissionner de la vie. Même les derniers jours, alors que la vie l'abandonnait, elle continuait de l'affirmer et de croire à sa guérison. Et pourtant, au fond d'elle-même, elle savait très bien qu'elle allait mourir.

Lundi, l'infirmière nous téléphona pour nous dire que l'heure de Dorothy était venue. Ce matin-là, nous avons joué des jeux avec nos yeux, elle nous a fait « ciao » de la main et nous lui avons chanté « Jesus Christ Superstar », une chanson qu'elle aimait. Elle attendit que Jane arrive du Vermont pour se joindre à Don, Steve, Roxie et Ann. Nous lui tenions tous les mains quand elle mourut avec grâce et dignité.

es derniers écrits de Dorothy Pitkin

Maintenant il faut que je recommence. Il faut que je commence une nouvelle femme, celle qui entre à la clinique.

C'est le soir et j'ai le sentiment solitaire d'être loin de chez moi et de ne pas savoir où c'est, chez moi. Être à la clinique. Mes compagnes de chambre sont au cinéma, quelque chose à propos d'Hawaï. Elles sont dans leur fauteuil roulant, une ou deux d'entre elles avec la robe spéciale qu'elles portent dans les soirées. Un peu vieilles et démodées.

Elles se rendent dans la rotonde sur leur fauteuil et les placent en cercle. Toute une manœuvre, les mains sur les roues. Les femmes manœuvrent ces machines comme des professionnelles, cela me frappe.

Elles sont devant la grande fenêtre, elles regardent le soir devenir lentement la nuit. Puis le soir meurt et il ne reste que des bandes sombres. Une assemblée de femmes qui essaient de rendre hommage au soir. Une soirée spéciale. Regarder le soir venir, regarder le soir fleurir. Voir les lumières fleurir. Bleues, jaunes ou vertes.

Je regarde le ciel, moi la nouvelle femme, je sens la puissance du soir. Je pense aux couchers de soleil que j'ai vus.

Me voici un matin. J'étais assise sur le balcon, dans mon fauteuil roulant; un moment à moi. Ce n'était peut-être pas le moment de vérité, mais il était à moi, ce moment, pour en faire tout ce que je voudrais. J'avais vécu, enfant, dans plusieurs vieilles maisons, j'avais aimé chaque brin d'herbe de leurs jardins. Devant moi une vaste étendue de gazon frais coupé allait rejoindre les herbes hautes, les buissons et les arbres qui couvraient la montagne. Au printemps, les grandes herbes luisaient de petites gouttes de rosée, mais c'était maintenant l'automne et les herbes étaient couchées et brunies. J'aimais tous les brins d'herbe, coupés ou non, mais il y avait maintenant une tristesse dans mon regard. Ce n'était pas mon herbe. Tout ce que je voyais était beau, mais appartenait à la clinique. Je ne pouvais rien voir comme j'aurais voulu voir. Ce n'était pas mon herbe. Je n'étais pas une personne libre, pas une personne entière. Mon horaire suivait les exigences de la clinique. J'appartenais à la clinique et tout ce que je voyais lui appartenait.

Avant d'entrer à la clinique du monastère comme patiente, j'habitais un petit appartement tout près. Ma fenêtre donnait sur le parc et je voyais arriver des gens, des patients, parfois en fauteuil roulant, parfois soutenus par des infirmiers. Je n'aurais jamais cru qu'un jour je vivrais là.

Elle est installée sur une petite colline. Ses membres appartiennent à un univers spécial. On l'appelle simplement « la clinique ». Au début, je disais « le monastère ». J'aimerais mieux ça. Rien que des hommes. Je sais m'y prendre avec les hommes. Ils n'ont pas à répondre à toutes ces questions, quelle robe voulez-vous porter aujourd'hui ? Et vos cheveux ? Est-ce qu'on vous coiffe à la Marie-Antoinette ? Avant qu'elle ne perde la tête, bien sûr. Les hommes peuvent rester bien assis dans leur fauteuil pendant que les infirmières leur cherchent, non pas un petit ruban rouge pour attacher autour de la tête chauve de Jim Palmer, mais des choses qui leur vont bien, comme de vieilles casquettes de chasse ou des chapeaux de pompier en métal. Quoi qu'il en soit, chauves ou chevelus, ils s'en tirent mieux que les femmes à la clinique du monastère.

Mais je suis une femme et tout est confus ici. Je n'ai pas de boussole. Pas de doigt pour m'indiquer le chemin. Je me demande au nom de Dieu ce que je fais ici, toute seule, si loin de chez moi, où que cela soit, je ne sais plus trop. On vous dira que je suis ici parce que je suis vieille. J'ai oublié les sentiments qui appartiennent à la jeunesse, mais parfois les sentiments qui appartiennent à la jeunesse remontent du fond de moi. Alors je sais que je n'ai pas oublié ces sentiments-là. Ils m'appartiennent, même si je suis vieille. Un jour, j'ai levé les yeux. Une montagne d'homme se penchait au-dessus de ma chaise. « Vous voulez une séance d'exercices ? » — « Oui ? » — « Tout de suite ? » — « Bravo. » Par quelque miracle de lévitation, je me lève, tirée d'un bras par la montagne, et me voilà debout, et voilà le physiothérapeute, mieux qu'une montagne, un homme. « Maintenant vous marchez, marchez, vous marchez. » Les talons d'abord, puis les orteils, talons, orteils, talons, orteils. Et cela cinq jours par semaine. « Est-ce que c'est mieux ? » — « Mieux que quoi ? » — « Ça va très bien ? » — « Pouvez-vous faire mieux ? » — « Il faut marcher, marcher. » — « C'est ça. » — « N'oubliez pas que vous n'avez plus vingt ans. » — « C'est très bien pour une dame de votre âge. » — « Vous n'aimez pas ça, n'est-ce pas ? » — « Après tout, il y avait bien Madame machin. Elle pesait deux cent dix livres, elle avait cent vingt ans, et elle flottait comme un oiseau. Cela devrait vous donner confiance. Alors, qu'en dites-vous, on y va?» — «Oui.» — «Je ne vous ai pas comprise, ne marmonnez pas, parlez fort. C'est oui ou non?» — «Oui.» — «Vous voulez dire OUI?» Je crie : «OUI!» — «Voilà qui est mieux. Alors c'est OUI, oui?» À la clinique, il faut répéter chaque phrase au moins huit fois. «Vous voulez aller aux toilettes? Vous voulez aller aux toilettes? Vous voulez dire que vous voulez aller aux toilettes? Vous dites que vous voulez aller aux toilettes?» La voix s'élève et devient plus nasillarde à chaque phrase. «Ah! bon, je vous entends mieux, vous ne voulez pas aller aux toilettes, c'est ça? Alors, qu'est-ce que vous en dites, on y va? Oui? Oui. Je veux dire non. Oh! Je ne sais plus quoi dire. Non. Oui. C'est ça. Non. C'est ça. C'est ça. Vous ne voulez pas aller aux toilettes, c'est ça? Oui? Non. C'est ça? Alors allons-y, oui? NON. C'est ça! Oui. Non. Oui. Non. Oui. C'est ça! C'est ça!»

Maintenant, je m'éveille avec le jour, la grande fenêtre laisse voir le ciel, les couleurs de l'aube dans la grande fenêtre. On voit tout le ciel de ma fenêtre. Les oiseaux traversent le ciel. Des éperviers aux ailes précises, découpées. Une sorte de message du ciel. Je suis étendue et je regarde le ciel. Puis le cri du matin, l'appel : le petit déjeuner. Les plateaux arrivent. Je prends une robe de chambre colorée pour aller m'asseoir dans mon fauteuil et déjeuner. On entend la voix de la cuisine : «Les plateaux montent». Il faut que je me prépare. Jeter les jambes sur le côté et me forcer à m'asseoir sur le bord du lit. Bientôt entre la petite infirmière, comme une danseuse avec le plateau. Elle le pose sur la table. «Bonjour!» «Vous voilà prête!» «Mangez votre déjeuner.» «Il y a des toasts et des céréales.» «Votre jus de pruneaux. Buvez-le en entier, ça vous fera du bien.» Elles tiennent à dire «votre jus de pruneaux», mais ce n'est sûrement pas *mon* jus de pruneaux. Je le bois à mon corps défendant. La petite infirmière est jeune et jolie dans son uniforme blanc, gaie et maternelle. La jupe bien au-dessus du genou. «Soyez gentille et mangez bien pour moi.» Je pense : pas pour moi. La jolie fille ouvre les enveloppes de sucre. «Voilà votre café, et votre lait, et vos petits pains.» — «Ça va?» — «Okay?» Mais d'ordinaire c'est seulement «Kay?» «Kay?» «Okay, soyez gentille et mangez tout.» «Kay?» «Okay?» Et elle s'en va porter le plateau de Mme Pitchare, de Mme Ogelthorpe, de Mme Murphy et de Mme Wetmore avec ses «Kay?» et le ferme «Okay» final. Les oiseaux volent très haut.

Après le petit déjeuner vient la première des longues attentes. Je suis assise en équilibre précaire au bord du lit et j'attends, j'attends que commence le bain du matin. Enfin arrive l'infirmière avec un bassin. «Vous pouvez vous laver ici, et vous laver les dents.» «Faites ce que vous pouvez. Je reviendrai vous laver le dos. Sonnez quand vous aurez fini et je viendrai.» Je finis par réussir à me laver sans tomber du lit. Je sonne et j'attends l'infirmière. J'attends et j'attends. Je ne peux voir l'heure, mais il doit y avoir bien des minutes que j'attends, que j'attends, toute nue et mal à l'aise au bord du lit. Le pire, c'est le manque d'intimité. Je me sens vraiment toute nue, je voudrais m'habiller avant que l'homme de ménage n'arrive avec son balai. «Bonjour!» — «Bonjour.» — « Comment ça va aujourd'hui?» — «Ça va.» — «Bravo!» Ça ne semble pas le déranger du tout d'apercevoir une femme nue entre les rideaux qui ferment mal. Il repart et de nouveau j'attends, j'attends que quelqu'un vienne, n'importe qui. Enfin on tire les rideaux et quelqu'un que je n'ai jamais vu apparaît. «Qu'est-ce que je peux faire pour vous?» — «Me laver et m'habiller.» — «Okay. Je reviens dans une minute.» Elle disparaît et ne revient pas. Et voilà une autre infirmière qui se montre. «Qu'est-ce qu'il y a?» — «Me laver et m'habiller!» — «Okay.» Et le miracle arrive: elle ne s'en va pas; elle s'occupe de moi. Elle m'aide à me laver et à m'habiller.

D'abord le petit déjeuner, puis se laver et s'habiller. Et puis peut-être assister à une conférence sur le Grand Canyon. Ou l'automne à Tolède, ou le Québec. Les patients en rangs les uns derrière les autres, il s'agit d'arriver à voir. «Si on plaçait votre fauteuil roulant à côté de celui de Mme Barabee. Là, c'est mieux? Vous voyez bien? Ce sont de très beaux films, surtout celui sur Tolède. Voilà, ça va mieux comme ça? La colonne ne vous gêne pas trop? En tournant la tête un peu, vous en verrez au moins la moitié. Comme ça! Mieux vaut en voir la moitié que de ne rien voir du tout!» Les images avaient des couleurs horribles, un visage vert, un autre violet. Si Tolède a l'air de ça, on ne voudrait sûrement pas y aller. Les autres patients commencent à s'agiter sur leur fauteuil. Je regardais avec un peu d'envie April sur son fauteuil. Ce qui est bien, en fauteuil roulant, c'est qu'on peut s'en aller. April manœuvre son fauteuil roulant de façon experte. Il fallait la voir ficher le camp !

C'est Robert Frost qui disait que chez vous, c'est là où vous ne voulez pas aller, parce que c'est là qu'on vous ramènera quand vous serez trop vieux ou malade et qu'il ne vous restera nulle part où aller. Aujourd'hui, on va à la clinique. Et les meilleures cliniques offrent des méthodes de réhabilitation comme la physiothérapie. Ici, ce ne sont pas des vieux qui passent le temps en attendant la fin. Ici on se bat contre la vieillesse.

D'abord, sortir du lit. Se laver et s'habiller. Que ferons-nous aujourd'hui ? Se lever d'une chaise. Un exercice d'étirement. Monter et descendre des escaliers. Et surtout marcher, marcher, parce qu'il faut continuer à fonctionner et que la marche est la base de tout. Et si vous ne pouvez pas marcher, à cause d'une fracture du bassin ou qu'il vous manque une jambe, ou les deux, il faut encore bouger, aller d'ici à là. Répondre à l'infirmité par un fauteuil roulant ou un machin qu'on appelle marchette. Des exercices pour les muscles usés, pour la coordination des articulations et des muscles. Devenir indépendant, voilà l'étoile qui les guide. Et voilà ce qu'on appelle monter et descendre les escaliers. Une expérience terrifiante. Ces escaliers de cauchemar. Des escaliers qui pourraient conduire à un donjon. Mon Dieu, comment vais-je faire ? Pourquoi est-ce qu'il faut que je fasse cela ? Parce que les escaliers sont là, il faut le faire. Tenez bien la rampe, avancez, bougez le bras en même temps que les pieds. Voilà, on est en bas, maintenant on tourne et on remonte. Voilà, on est en haut des escaliers.

Debout Mary. Debout sur tes jambes. Parle à tes jambes. Tu vois. Tiens, voici une idée : si tu te tiens sur tes jambes, tu ne tombes pas sur ton visage. Il faut deux aides pour tenir Mary. Tu peux marcher, Mary, essaie. J'essaie. Les aides ne comprennent pas. Ils pensent que si seulement tu essayais, tu pourrais te tenir sur tes jambes. Et voilà Mary qui essaie désespérément de se tenir debout. Soutenue des deux côtés, le visage crispé par l'effort désespéré, je ne peux pas, je ne peux pas, j'essaie! Parle à tes jambes, Mary, dis-leur de bouger. Je ne peux pas. Elle atteint le fauteuil, mi-traînée et mi-marchant.

Pour l'instant, jetons un coup d'œil sur quelques-uns des membres de cet univers spécial. Commençons par Jean. Il faut la voir marcher, une grosse femme avec un gros visage qui est pourtant un visage de petite fille. Elle penche sur vous cette face de petite fille qui est sa face depuis qu'elle a eu douze ans. Elle porte une robe de petite fille. Ou c'est peut-être une poupée, avec des vêtements de poupée. Quelqu'un l'a remontée et elle marche, elle marche, elle va, elle vient d'un pas digne et mesuré, ni trop vite ni trop lentement. Ces derniers temps, ses cheveux font une grosse masse derrière sa tête. Elle a perdu sa face de petite fille, et cette touffe de cheveux derrière la tête lui donne l'air d'un bison, et elle marche, elle marche de ce pas mesuré, régulier, comme un bison qui se serait perdu et qui cherche le troupeau.

Et voici Léo. Il n'a plus de jambes. Son corps finit près de sa face. Il a une sagesse qui lui donne dignité et autorité. Il a un sourire d'homme bien plus masculin que celui de bien des hommes qui ont la chance d'avoir des jambes. Léo est endurci. Tout à fait homme. Il ne faut pas lui offrir de sympathie. Il reste seul, il ne demande rien à personne. Il va s'asseoir au soleil, toute la journée. Il est seul, mais ce personnage sans jambes domine tout le grand champ près de la rivière, seul mais non esseulé.

Et voilà Teddy dans son fauteuil roulant. Il doit y avoir quelque chose qui n'a pas fonctionné lors de sa naissance. Physiquement. Ou alors une sorte de fausse couche dans les astres. Il ne marche pas. Il ne parle pas, sauf avec des sons étranges, comme ceux que ferait un animal, essayant désespérément de se faire comprendre. Il approche son fauteuil roulant de la femme qui fait des lapins en papier et les regarde; son étrange face jaune prend un air curieux. Qu'est-ce qu'il essaie de dire? Il tourne les mains vers l'extérieur comme d'habitude pour souligner ce qu'il vient de dire. Toujours ce geste pour demander au monde de traduire ce qui se passe ici. Il pourrait être le metteur en scène ou le premier rôle donnant un sens qui ne veut rien dire à ce théâtre de l'absurde.

Et voici la petite Martha, assise sur une commode à la vue de tout ce qui entre. Même pas un rideau. Assise là à la vue de tout le monde. Même pas une porte. Assise là à la vue de tout le monde, au milieu de la pièce, pas la moindre intimité. La commode au milieu de la pièce. Ce serait aussi fin de mettre le fauteuil dans la salle de bain. En plein milieu de la chambre. Pas le moindre respect de l'intimité. Comme s'ils avaient choisi exprès l'endroit le plus public pour l'asseoir devant tout le monde. On ne peut être plus public. Pour Martha, il y a l'horloge. L'horloge est le centre de l'univers. Elle la regarde tendrement, la reconnaît. Je voudrais que les gens voient la beauté de Martha et la tristesse de son visage. Comme si, par-delà la résignation, elle cherchait à comprendre quelque chose, pourquoi on rejette l'horloge, pourquoi on lui dit « non ». Il lui faut une horloge jour et nuit. Elle ne peut se coucher sans voir l'horloge, ange gardien de son sommeil. Déjà deux horloges sont tombées et se sont brisées. Oh ! mon Dieu ! mon horloge, je ne peux dormir sans elle. Il me faut mon horloge ! Il faut que j'entende le tic-tac de mon horloge quand j'en ai besoin. J'entendais le tic-tac quand je la tenais contre mon oreille. Maintenant j'ai une troisième horloge et je la tiens contre mon oreille, et j'entends son tic-tac. Le miracle du temps !

La peur a bien des visages. Qu'est-ce que c'est qui nous retient ainsi et nous empêche de partir ? Jean a peur, elle s'asseoit dans la pièce sombre qu'ils appellent salle à manger, s'appuie la tête sur une table et fait des rêves qu'elle ne comprend pas. Jim aussi ; il marche ça et là, la face pleine de misère, la bouche édentée comme une caverne. Il cherche ses enfants. « Où sont mes enfants ? » « Où est-il, où est-elle ? » Il lève une main pour retenir le passant. « Monsieur, écoutez-moi, monsieur, avez-vous vu mes enfants ? Avez-vous vu Agnès, ma fille ? Je suis Jim Campbell. Vous devez connaître Jim Campbell. Je dirigeais l'usine de papier. Je cherche mes enfants. Ne les avez-vous pas vus ? Ils étaient ici, mais ils sont partis. »

Il y a entre la nuit et l'aube un moment où on entend des pas pressés, puis des pleurs qui font écho dans les passages de la nuit. Mary est éveillée. Mary pleure. C'est la nuit, Mary, il faut dormir. Et le matin, ce sera : « C'est le matin, Mary, il faut te lever». Maintenant c'est la nuit, il faut te tourner, fermer les yeux et dormir.

Ils installent Joe dans son fauteuil roulant. Joe est polonais, il jure en polonais parce qu'ils lui ont enlevé sa virilité. Il est devenu un enfant détestable qu'il faut gâter et fesser et border dans son fauteuil roulant. Les jambes maigres qui dépassent du fauteuil ne lui appartiennent plus. Elles appartiennent à la clinique du monastère et doivent faire ce qu'on leur dit, car il n'est plus un homme.

Certaines peurs sont pires que les autres. Mais le fait d'être vieux sous-tend tout ce qu'ils vous disent et vous font. Levez la tête, les épaules droites, voilà, allez-y.

Mais le malheur, c'est que vous n'avez pas envie de marcher. Comme c'est différent de ce qui se passait dans mon petit appartement, chez moi, près du bois. Alors me lever d'un fauteuil était un moment gracieux, comme une danse lente. Maintenant, me mettre debout est une chose amère et je sais que personne n'a envie de voir ça. Et de plus, je sais que personne n'a envie d'être vu avec une femme qui doit se servir d'une chose qu'on appelle marchette pour se tenir debout et se déplacer. C'est un cas d'hôpital. Ils n'y peuvent rien.

Voici le matin. De mon lit, il n'y a rien à voir que le bleu profond et les couleurs surprises comme des bannières dans le ciel. La douleur prend le dessus, la peur s'empare de moi et je reviens aux mêmes vieux souvenirs.

J'avais vingt ans de plus que lui. C'était un de mes élèves au département de photographie du collège. Il avait vingt ans, j'en avais donc quarante à l'époque. J'étais assez connue comme photographe de tous les événements importants, il suivait mes cours, et je me mis à m'intéresser à sa façon de voir les choses. Il était direct et objectif, il n'essayait jamais de trouver un angle oblique, superdramatique. Par exemple, au moment de l'éboulis à la mine, j'en avais fait une chose dramatique, j'avais montré les visages crispés de peur des parents des hommes emprisonnés, ou quelque chose comme un petit enfant qui pleurait ou la veste rouge d'un des emmurés. Il accepte ça, c'est une façon de montrer la dévastation, il admet que c'est une façon de faire voir le sens de l'expérience, une façon subtile. Il dit oui, c'est intéressant. Toujours un angle étrange. Il comprend, dit-il. Il est d'accord, mais il continue à sa façon. Je vois bien qu'il n'accepte pas, même s'il n'en dit rien. Un jour, ennuyée, je lâche le paquet... « Écoute, tu pourrais être mon fils. Je peux te demander pourquoi tu ne me dis pas franchement à quoi tu t'objectes ; il vaudrait mieux que tu me dises franchement ce que tu n'aimes pas, comme si tu étais vraiment mon fils. » « Ton fils ? Écoute, je ne suis pas ton fils. Tu sais très bien ce que je ressens envers toi. Je ne suis absolument pas ton fils. » Et tout arrive tout à coup. Il me tourne la tête et m'embrasse sur les joues. « Ça, c'est comme un fils accueille sa mère. Et voici ce que je ressens envers toi. » Et tout à coup ses lèvres pressent les miennes avec passion. « Aussi bien le dire tout de suite, tu n'es pas ma mère, je ne suis pas ton fils. » « Oui maman, comme ça maman ? » Toujours cette moquerie dans ce qu'il dit et fait. Mais maintenant tout est clair. C'est un amant. Il ne dit pas 'amant', il me montre ses sentiments dans ce baiser passionné sur la bouche. « Dis-moi, est-ce comme ça que tu te sens aussi ? » demande-t-il sans cesser de m'embrasser, sa bouche contre la mienne. « Oui ? Oui ? » « Dis-moi oui. » Et je sens un sentiment passionné s'emparer de moi. Ce n'est pas un fils, c'est un amant. Je chuchote « oui » dans notre baiser, sa bouche sur la mienne. Je chuchote « oui » et je m'abandonne. « Et ça a toujours été comme ça ? » Je chuchote « oui » et ses dents touchent les miennes.

Et puis cette promenade dans le bois de bouleaux, après laquelle tout était changé. C'est là que ce que nous nous cachions s'est révélé, que nous avons reconnu le sentiment que nous avions toujours eu. Il y avait un petit ruisseau au milieu du bois de bouleaux. En arrivant à la partie dense du bois, il me dit : « Traverse le ruisseau à droite. N'aie pas peur des pierres, je te tiens. » Il me semblait qu'il avait choisi la pire section du ruisseau. « Vas-y, maman, t'es capable. » Le « maman » était dit sur un ton de sarcasme, quoique ce n'était pas la première fois qu'il employait le mot. Il disait ça par jeu. Je lui avais dit un jour que je le voyais comme un fils. « Je n'ai jamais eu de fils, tu pourrais m'en tenir lieu. » C'était en corrigeant un des textes que je lui avais donnés à écrire. Une étude sur le contenu de la photographie contemporaine. « C'est un art et il faut s'en servir comme art. On prend les parties les plus significatives de l'image et on en tire ce qu'on peut. C'est comme ça qu'on travaille, mon fils.» Et c'est alors que nous avons sauté le ruisseau. Et le bois de bouleaux devint le symbole de notre relation. Fils, amant, amant, fils... Et en fin de compte amant.

Aujourd'hui à la clinique, je le vois si bien. L'air qu'il avait en sautant le ruisseau, l'air qu'il avait en me tournant la tête pour m'embrasser la joue, son visage passionné quand il embrassa ma bouche et que j'ai pensé que tout était changé, qu'il était mon amant. Aujourd'hui à la clinique, je le vois si bien, ses cheveux blonds, sa peau douce comme celle d'une femme, sa bouche masculine, ses yeux bleus. Certains diraient un bleu assassin, clair et aigu, mais c'était aussi un bleu d'amant. C'était peut-être la même chose, le bleu assassin, le bleu d'amant.

En m'éveillant aujourd'hui à la clinique, je me souviens de mes réveils dans le petit appartement près du bois de bouleaux. Je m'éveillais en me disant qu'il m'arriverait quelque chose de bon ce jour-là. Et le bonheur m'envahissait. Il vient aujourd'hui. Je mettrai la table avec la nappe rouge et blanche. Et des chandelles dans le chandelier italien. Et le fromage sera un provolone, et oh! oui! le vin un Liebfraumilch, le vin qu'il aime. Aujourd'hui, nous célébrerons, il a quarante ans, vingt ans de moins que moi. Comme souvent déjà, je pensais «vingt ans plus jeune». Il a trente ans, j'en ai cinquante, cela sera toujours pareil, j'ai vingt ans de plus que lui.

Au crépuscule, nous restions assis au salon, comme ça, sans lumière, ça nous plaisait. La lumière du soir tombait sur ses cheveux, c'était un doux blond mâle.

Après le repas, nous avons parlé de cette histoire de plus vieille, plus jeune. De ses effets sur notre relation. Ça peut sembler indécent qu'une femme soit vingt ans plus vieille que l'homme qu'elle aime. Cela vient sans doute de l'époque victorienne, où une femme était censée avoir besoin du soutien de l'homme qu'elle aimait. Elle était censée être plus faible que l'homme, avoir besoin d'aide pour tout et pour rien. L'homme devait être plus vieux que la femme pour lui donner ce soutien.

Ici, il n'y a pas de soutien. Je ne peux rien faire d'autre que de survivre. L'heure change. Le soir devient la nuit. Les grandes bandes du couchant emplissent le ciel. Les oiseaux volent très haut. Pour moi, c'est une heure solitaire. Je me sens perdue, loin de chez moi. Mais où est-ce, chez moi ? Je ne l'ai jamais trouvé.

Mes compagnes de chambre reviennent en fauteuil roulant dans la chambre aux nombreuses fenêtres, elles viennent voir les bandes de couleur du soir prendre lentement les formes de la nuit. Vers huit heures, elles commencent à regarder leur montre. J'ai huit heures moins le quart, mais je peux me tromper. Non, j'ai sept heures et quart, mais ma montre retarde peut-être. Que faire? Disons huit heures moins dix-sept. C'est à peu près ça. Je sens la douleur qui m'envahit. La puissance de la nuit s'avance à pas de loup.

Les restes du souper ramassés, je suis sortie dans la nuit. Ma nuit. La nuit était noire, les étoiles étaient mes étoiles, j'étais seule avec elles. Tout était calme, on n'entendait que la marée qui avançait, avançait, avançait. C'était comme un pouls. Il était là, il ne s'arrêtait jamais. Il disait : sois calme et sache que je suis là. Et ce pouls battait au rythme de mon pouls. Voilà, je suis l'enfant de la marée.

La mort et la croissance, un couple mal assorti ?

Comment la mort peut-elle contribuer à la croissance de celui qui meurt ou de ceux qui restent derrière ? Notre image conventionnelle de la mort évoque bien des pensées et des sentiments, mais rarement une perspective de croissance. Et pourtant, notre discussion montre que si on adopte un point de vue différent sur la mort, on peut voir que la promesse de la mort et l'expérience de mourir peuvent, plus que toute autre force de la vie, nous grandir. Tous, même ceux qui ont choisi une vie sans croissance, ceux qui jouent des rôles prescrits par d'autres, nous savons au fond de nous-mêmes que nous sommes faits pour autre chose qu'une vie passée à manger, à dormir, à regarder la télévision et à travailler cinq jours par semaine. Cette autre chose, que plusieurs ne peuvent définir, c'est la croissance : devenir à la fois pleinement soi-même et pleinement humain.

La chose peut paraître étrange, mais l'étude et l'expérience de la mort sont l'une des avenues de croissance les plus productives qui soient. Peut-être est-ce que la mort nous rappelle que notre temps est limité et qu'il vaut mieux accomplir notre fin sur terre avant qu'il ne soit trop tard. Les individus qui ont eu la chance de partager la mort de quelqu'un qui en comprenait le sens sortent de cette expérience plus capables de vivre et de croître. Ceux qui se sont trouvés plongés dans la tragédie de la mort en masse durant la guerre et qui y ont fait face, refusant de laisser leurs sens ou leurs sentiments sombrer dans l'indifférence ou l'engourdissement, ont tiré de leur expérience une croissance et une humanité qu'ils n'auraient pas atteintes autrement.

L'affrontement avec la mort peut être très pénible, et on peut être tenté de l'éviter et de fuir la confrontation. Mais si vous avez le courage de l'assumer quand elle se présentera dans votre vie, de l'accepter comme une partie importante et valable de la vie, alors vous croîtrez, que vous affrontiez votre propre mort, celle de quelqu'un qui est confié à vos soins ou celle d'un être cher.

Je décris dans mon livre *On Death and Dying (La Mort et le mourir)* les stades caractéristiques que les êtres humains traversent en faisant l'expérience de mourir. Le Dr Mauksch décrit brièvement ces stades — la dénégation, la rage et la colère, le marchandage, la dépression et l'acceptation — dans son article du chapitre deuxième. Un être humain sensible et éveillé ne devrait pas être immunisé contre des sentiments de tristesse et même de désespoir et de dépression à la mort d'un être cher; néanmoins, on peut vraiment, en faisant l'expérience de la mort de quelqu'un d'autre, accéder à une plus grande paix devant l'idée de la mort et à une meilleure capacité de l'assumer de façon productive. En partageant l'expérience de mourants qui traversent ces stades, on s'approche soi-même de plus en plus du niveau de l'acceptation. (Les mourants n'atteignent évidemment pas tous le niveau de l'acceptation, mais celui qui le fait *avant* d'avoir à affronter sa propre mort ou celle d'un être cher peut donner plus de sens à sa vie et à sa mort.)

Ce chapitre se compose de textes qui, j'espère, aideront à voir comment la confrontation avec la mort peut enrichir une vie et rendre une personne plus profondément humaine. J'y expose d'abord les événements de ma vie personnelle qui, je crois, ont joué un rôle dans la formation de mon caractère et mon choix de ce champ de travail. Le second texte est celui d'un médecin qui raconte les expériences personnelles qui l'ont distingué de la plupart des médecins et ont fait de lui un être aimant et sensible, capable d'atteindre les autres en tant qu'homme et d'oublier le «rôle» de médecin qui en empêche tant de faire ce qu'ils savent pourtant juste et important. Le troisième texte raconte l'histoire de la vie et de la mort d'un jeune homme, vues par une amie qui tenait assez à lui pour risquer de partager sa douleur et qui sort de l'expérience avec une croissance et une compréhension précieuses. Enfin, le dernier texte du chapitre, un poème dédié par un mourant à sa femme, exprime l'amour qui transcende la vie et la mort physiques. Cette homme a fondé durant sa maladie l'organisation «Chaque iour compte»; il est un symbole de la croissance qui peut accompagner l'expérience de mourir pour ceux qui, au lieu de se désespérer du peu de temps qui leur reste, savent se réjouir de ce qu'ils ont. Que vous soyez professionnel travaillant avec des mourants, que vous soyez mourant vous-même ou proche d'un mourant, j'espère que ces textes sauront vous apporter des intuitions qui s'appliqueront à votre croissance personnelle.

La mort dans ma vie personnelle*

Elisabeth Kübler-Ross, M.D.

Je voudrais, dans les pages qui suivent, partager avec vous certaines expériences qui ont beaucoup contribué à faire de moi ce que je suis, à m'orienter vers le champ de la mort et du mourir et à former mes idées sur la mort et la vie. Ces raisons peuvent justifier l'intérêt de ce que j'ai à dire. Mais j'accorde plus d'importance au croisement de certaines influences qui ont joué dans ma vie personnelle et de certaines des idées qui reviennent à travers les textes d'auteurs si différents qui forment ce livre. Je crois qu'il y a des indices à trouver sur les mystères de la vie et de la mort, des indices applicables en pratique, dans la coïncidence des expériences de ma vie avec celles d'autres auteurs, que je n'ai jamais rencontrés pour la plupart.

Prenons un exemple. J'ai eu dans mon enfance la chance d'être témoin de la mort comme un événement naturel, que le mourant acceptait avec calme et sans peur. C'était, on s'en souviendra, un des facteurs d'ajustement émotionnel à la mort identifiés dans l'étude «Vivre jusqu'à la mort.» Comme le prêtre des Indiens d'Alaska, j'ai participé au sein d'une communauté au processus de la mort et j'ai senti moi-même la différence entre la mort dans cette sorte d'entourage familier et confortable et la mort dans l'atmosphère stérile et impersonnelle de l'hôpital. J'ai vu les ravages de la guerre et j'ai vu des gens en sortir en comprenant mieux le besoin d'humanité qu'a ce monde trop souvent inhumain. Je n'ai pas été protégée de la mort, j'en ai fait l'expérience et j'ai ainsi pu la comprendre comme une partie intégrante et prévue de la vie.

---

* Cet article, écrit spécialement pour le présent volume, est publié avec la permission de l'auteur.

Mon travail avec les mourants m'a aussi aidée à trouver ma propre identité religieuse, à savoir qu'il y a une vie après la mort et à savoir que nous renaîtrons un jour pour terminer les tâches que nous n'aurons pas pu ou voulu terminer dans cette vie. C'est aussi dans ce contexte que je commence à voir le sens de la souffrance et à comprendre pourquoi il faut même que de jeunes enfants meurent.

Au moment où j'écris ceci, je suis un médecin d'âge moyen, connue dans tout le pays comme « la dame de la mort et du mourir » (des gens moins enthousiastes m'appellent encore parfois « le vautour »). Je passe une bonne partie de ma vie avec des patients terminaux, des enfants et des adultes mourants et leur famille. Il devrait être intéressant de revenir en arrière pour retrouver dans ma vie les points et les carrefours qui m'ont amenée à choisir une telle spécialité.

Je suis née en Suisse par une chaude journée d'été après une grossesse longue et désirée. Mes parents avaient un fils de six ans et espéraient avoir une fille. Ma mère rêvait de faire de belles petites robes et d'avoir de la compagnie en faisant la cuisine et la pâtisserie qui faisaient sa réputation.

La première impression que mes parents eurent de moi fut une grande déception. Je pesais à peine deux livres, j'étais chauve et j'étais si petite que je ne pouvais que décevoir. Personne ne se doutait que ce n'était là que le premier d'une série de chocs : une autre petite sœur de deux livres naissait quinze minutes plus tard, suivie enfin d'une fille de six livres qui répondait aux attentes des nouveaux parents.

Je ne saurais dire si mon introduction précaire en ce monde me destinait à ce métier. Après tout, on ne s'attendait pas que je survive, et n'eût été la détermination de ma mère, je n'aurais sans doute pas survécu. Elle croyait fermement que des bébés si petits ne survivraient que s'ils recevaient beaucoup de soins, d'amour et de tendresse, des tétées fréquentes et la chaleur et le confort qu'ils ne pouvaient trouver qu'à la maison, et jamais à l'hôpital. Elle s'occupa elle-même de nous trois, nous nourrit toutes les trois heures, jour et nuit, et on dit qu'au cours des neuf premiers mois, elle ne dormit pas une fois dans son lit. Inutile de dire que nous avons survécu toutes les trois.

La première grande leçon dans ma vie, c'est qu'il suffit d'*une personne qui tient vraiment à vous* pour faire la différence entre la vie et la mort.

Mes rencontres suivantes avec la mort furent amicales. Nous vivions dans un joli petit village entouré de fermes. Un ami de mon père mourut un jour après être tombé d'un arbre; nous participâmes au processus de sa mort et au processus du deuil. Il vécut assez longtemps après l'accident pour nous faire appeler dans sa chambre pour nous dire adieu. Il nous demanda d'aider sa femme et ses enfants à sauver la ferme. Il était jeune, au cœur de la vie, très rationnel et raisonnable, et, que je me souvienne, ne montrait nul signe de peur.

J'étais petite fille à l'époque et ma dernière visite chez lui m'emplit de fierté et de joie, surtout qu'il avait fait venir chacun des enfants dans sa chambre, un par un, et nous avait fait assez confiance pour nous demander notre aide pour sa ferme bien-aimée. Jamais de toute ma vie je n'ai travaillé aussi fort que les quelques étés et automnes après sa mort, pour faire de belles récoltes. À chaque voyage de foin que nous entrions, j'étais convaincue qu'il nous voyait et je voyais son visage resplendir de fierté et de joie.

Je commençais ma deuxième année d'école quand un nouveau médecin vint s'installer chez nous. C'était un homme discret et plutôt réservé et, comme il venait d'une autre région, on savait peu de choses sur lui. Ses deux petites filles vinrent à l'école avec nous. C'étaient deux petites demoiselles bien élevées, jolies et plutôt élégantes; il leur fallut quelque temps pour s'intégrer dans la communauté villageoise qui voyait les étrangers avec une certaine méfiance jusqu'à ce qu'ils aient «fait leurs preuves». La plus vieille des deux sœurs, elle devait avoir dix ans, tomba malade et le bruit courut qu'elle était atteinte d'une méningite. Presque chaque jour, on annonçait une mauvaise nouvelle à l'école et au village : un jour elle était devenue aveugle, puis paralysée, puis elle perdit l'ouie. Des spécialistes vinrent de partout, en vain. Quand elle mourut, l'école fut fermée et plus de la moitié du village assista à ses funérailles. Les funérailles commencèrent chez elle ; le corps s'y trouvait, vêtu de sa robe préférée, celle qu'elle portait le dernier jour qu'elle était venue à l'école. Sa famille marchait derrière le corbillard, suivie de la parenté et des professeurs. Nous suivions tous à pied la longue procession qui se rendit d'abord à l'église où eut lieu un service bref et émouvant. Nous suivîmes ensuite la famille au cimetière où deux hommes préparèrent la fosse et le cercueil fut lentement descendu dans la terre. Chacun d'entre nous jeta une poignée de terre sur le cercueil. Nous chantâmes un cantique et nous nous éloignâmes pour laisser un peu seuls les parents dans le deuil. Brigitte était le premier enfant à mourir dans ma vie. Ce n'était pas une amie personnelle, mais tous, tout le village, nous participions au deuil avec sa famille. Nous avions tous partagé sa maladie, la tragédie, la perte de la vue, de l'ouie, tous les aspects du processus de la mort, et nous l'avions tous accompagnée dans son dernier voyage au cimetière.

Il y avait dans la communauté un sentiment de partage et de solidarité devant la tragédie. Jamais elle n'avait quitté le village ni sa maison. Tous ses proches étaient restés auprès d'elle jour et nuit.

Quelle différence avec la maladie critique qui me frappa moi-même vers l'âge de cinq ans. Atteinte de pneumonie, je fus conduite dans un hôpital pour enfants et tenue en isolation durant des semaines. Je ne pouvais voir mes parents qu'à travers une vitre. Tout était étrange autour de moi et, toute jeune que je fus, je souffrais surtout du manque d'intimité. La chambre d'isolation était une cage de verre, entièrement entourée de murs de verre. On m'y donnait des bains et je passais le plus clair de mon temps à rêver de ma « retraite dans la montagne », une petite forêt pleine de buissons où je disparaissais quand quelqu'un me déplaisait à la maison. Je m'ennuyais de cet endroit tranquille où je n'avais comme compagnons que des lapins et des oiseaux, parfois un renard ou une couleuvre inoffensive. J'étais l'une de trois jumelles, j'étais trop dans la pénombre, il me fallait pour grandir une telle retraite tranquille. Mais à l'hôpital, il n'y avait pas de fuite possible. Il n'y avait nulle voix familière, ni odeur ni toucher, même pas un jouet familier. Tout était très propre et routinier. Il n'y avait à l'époque ni antibiotiques ni véritable traitement, ni donc grand espoir que je survive. Je ne pouvais pas parler à mes parents quand ils venaient me voir, je ne pouvais que voir leur visage triste contre la vitre qui me séparait du monde extérieur. Sans ces rêves et ces fantaisies si vives, je suis certaine que je n'aurais pas survécu à cet endroit stérile.

Mon adolescence fut marquée par la guerre, ses destructions, ses bombes et ses réfugiés. La Suisse demeurait une île de paix, mais les sacrifices de nos voisins, leur lutte pour la vie et les ravages de la mort hors de nos frontières nous étaient rappelés tous les jours.

Il arrivait peu à peu des nouvelles sur les tortures des Juifs et les souffrances indescriptibles de ceux qui osaient parler : finalement, les rumeurs sur les horribles camps de concentration se confirmèrent.

Mon frère et mon père s'engagèrent comme volontaires dans l'armée et furent envoyés sur la frontière allemande. Des familles sans nombre essayaient de traverser le fleuve à la nage pour gagner la Suisse et la sécurité; les Nazis les descendaient à la mitrailleuse. Ceux qui réussissaient laissaient derrière eux des membres de leur famille, morts ou condamnés à mourir dans les camps de travail ou les chambres à gaz.

Je fis le vœu d'aller aider ces gens dès qu'il serait possible de sortir du pays. Entre-temps, je passais mes fins de semaine à l'hôpital comme volontaire au service des milliers de réfugiés qui avaient fui les Nazis. Il fallait épouiller des centaines d'enfants, les traiter contre la gale et ramasser de la nourriture, des vêtements, des couches et des biberons. Les mois passaient vite comme des semaines. Et le grand jour arriva : LA PAIX. Je passai ce jour-là sur le toit du Kantonsspital, le plus grand hôpital de Zurich. Nous avions amené sur le toit tous les patients qu'on pouvait déplacer; le toit était complètement couvert de fauteuils roulants et de civières. Nul ne se plaignait, nous voulions qu'ils entendent les cloches, les cloches de la paix. Les cloches de plus de deux cents églises carillonnèrent en même temps. Tout le monde pleurait, chacun serrait quelqu'un dans ses bras. Une femme atteinte d'une maladie terminale dit avec un grand sourire : « Maintenant je peux abandonner, je peux mourir. Je voulais vivre assez longtemps pour voir se rétablir la paix sur la terre.»

Quelques mois plus tard, je traversais en auto-stop l'Europe dévastée par la guerre, avec un sac à dos contenant le nécessaire et beaucoup d'idéalisme et d'espoir. Ce fut un long voyage qui me mena à travers neuf pays où je travaillai comme cuisinière, maçon et couvreur, ouvris des postes de premiers soins contre la typhoïde, traversai avec une caravane de Tziganes la frontière russo-polonaise et enfin, et peut-être surtout, visitai Majdanek, un des pires camps de concentration où des milliers d'adultes et d'enfants étaient morts dans les chambres à gaz, ou de faim, de maladie et sous la torture. Je vois encore les baraques et les petites inscriptions des victimes, je sens l'odeur des crématoires et je vois les clôtures de barbelés que quelques-uns ne réussissaient à franchir que pour être abattus par les gardes.

C'est dans cet endroit horrible que je fis la connaissance d'une jeune Juive, victime des Nazis. Elle avait été tirée d'un camp de concentration et se vouait à aider à reconstruire l'Europe dévastée par la guerre.

Il m'était difficile de comprendre comment cette jeune fille qui avait été torturée presque jusqu'à la mort pouvait aider les Allemands qui avaient tué presque toute sa famille. Les mois et les années de souffrance ne l'avaient pas rendue amère, mais lui avaient donné une conscience de plus en plus profonde du besoin d'humanité de ce monde inhumain !

C'est avec des gens comme elle que nous établîmes un camp à Lucimia, sur la Vistule, en Pologne. C'est là que se forma mon projet d'étudier la médecine. C'est au milieu de cette souffrance que je trouvai mon but. Là, au milieu de la pauvreté, de l'isolation et de la souffrance, j'ai vécu plus intensément que jamais avant ou après.

Les trois «dames docteur», comme on nous appelait, devions travailler de longues heures pour nous occuper des centaines de patients qui venaient de loin chercher de l'espoir, un traitement et peut-être des médicaments. Nos tablettes étaient vides, il ne nous restait rien. Une petite maison de deux pièces servait de clinique. Une des pièces servait d'entrepôt. Nous y gardions quelques poules et les œufs, le beurre et la nourriture que les patients nous apportaient pour nous payer. Nous fûmes jusqu'à cinquante à travailler dans ce camp à reconstruire un des endroits les plus durement frappés par la guerre en Europe de l'Est. Les volontaires venaient de plusieurs pays.

Je dormais une nuit à la belle étoile, enroulée dans une couverture, quand les pleurs d'un petit enfant m'éveillèrent. Sa mère s'assit près de moi sans un mot. Elle avait marché durant trois jours et deux nuits pour trouver notre poste, transportant dans ses bras son enfant gravement malade. Janek avait trois ans, il était brûlant, avait les yeux vitreux, était à peine conscient. Il avait la typhoïde et je ne pouvais rien faire pour lui. Je fis entrer la mère et l'enfant dans la « clinique » et leur offris ma couverture pour se coucher par terre et dormir. Nous nous fîmes une tasse de thé dans la nuit et j'essayai d'expliquer à la femme que sa longue marche n'avait pas sauvé son enfant

Elle m'écouta attentivement, sans détourner les yeux. Quand j'eus terminé ce que j'avais à dire, elle répondit, très sûre d'elle : « Il faut que vous sauviez cet enfant, c'est le dernier de mes enfants qui étaient tous avec moi au camp de concentration. » C'était déjà un miracle qu'elle et Janek aient survécu. À l'écouter, on aurait cru que son fils survivant était devenu tout à fait immortel.

Jamais de toute ma vie ne me suis-je sentie si impuissante et si désespérée. J'aurais fait n'importe quoi pour sauver le garçon. Si elle était angoissée, elle n'en laissait vraiment rien paraître. Elle s'assit près de moi avec sa tasse de thé, calme, attendant mes directives. Durant un moment, je me demandai comment une femme avait pu marcher tant de jours en transportant dans ses bras un enfant si malade. Puis mes pensées revinrent à notre armoire à médicaments vide, à Janek, aux camps de concentration... Avant la fin de la nuit, nous avions repris la route ; nous allions à L., où il y avait un hôpital. Nous savions que nous n'avions guère de chances. Nous savions qu'ils refusaient les nouveaux patients. Les Nazis avaient tué tous les médecins, les infirmières et les sages-femmes, l'hôpital était bondé et manquait de personnel.

Je me souviens vaguement des murs de pierre de l'hôpital. Je me souviens d'avoir discuté avec un médecin polonais, de lui avoir dit qu'il n'avait pas de cœur, d'avoir fait appel à son nationalisme... Tous les trucs étaient bons. Il accepta finalement Janek, en nous faisant promettre de ne pas revenir avant trois semaines. Il serait alors soit mort et enterré, soit assez bien pour retourner chez lui. La mère remit calmement l'enfant dans les bras du médecin, sans larmes, sans doutes avec le sentiment d'avoir accompli sa mission.

Mme W. devint ma nouvelle assistante. Elle entretenait le feu pour faire bouillir de l'eau pour mes seringues, elle lavait les bandages et tenait la clinique propre. La nuit, nous partagions ma couverture; le jour, nous travaillions; nous parlions peu. Le soir, nous faisions un feu et nous réunissions pour chanter. Nous nous baignions dans le fleuve et reprenions le travail. Les patients arrivaient et repartaient, les jours passaient. Un matin, je m'éveillai et vis que mon assistante était partie. Elle me manquait, mais la vie était si intense que je l'aurais vite oubliée.

Quelques matins plus tard, en m'éveillant, je trouvai près de ma couverture un petit mouchoir blanc noué et rempli de terre. Je crus que c'était un signe superstitieux d'un de mes patients et le déposai sur une étagère. Le soir, en faisant le ménage, je remarquai de nouveau le petit mouchoir. Une femme du village me supplia presque de le regarder. Plutôt pour lui plaire que pour toute autre raison, j'examinai l'étrange cadeau. C'était de la terre ordinaire, mais sous la terre se trouvait un billet : « De Mme W., dont vous avez sauvé le dernier de ses treize enfants, de la terre polonaise bénie. »

La veille au soir, au feu de camp, j'avais regardé le ciel en souhaitant que Mme W. revienne chez elle en sécurité. Quel beau cadeau ! Seule une mère pouvait compter ainsi les jours dans cet environnement intemporel. Elle savait que le temps d'aller chercher son fils à l'hôpital était venu. Elle l'avait ramené à la maison, comme elle l'avait toujours cru.

Comme elle vivait dans une tranchée, comme des centaines de familles dont les maisons étaient détruites, elle n'avait rien à me donner. Rien? Elle savait que j'avais besoin de force et de foi pour faire ce travail. Elle avait donc ramassé une poignée de terre, avait marché une journée entière pour se rendre à la seule église qui subsistait et avait fait bénir la terre pour en faire un cadeau spécial. Puis, elle avait refait cet interminable chemin à travers ce que nous appelions la « Sibérie polonaise » jusqu'à notre camp pour m'apporter en silence son cadeau. Et elle était repartie dans la nuit, aussi silencieusement qu'elle était d'abord venue, repartie avec son fils, le seul de ses treize enfants qui lui restait !

J'ai emporté cette terre, je l'ai gardée quand je suis tombée malade en Allemagne en rentrant chez moi. Je l'ai gardée dans l'hôpital allemand où personne ne me parlait parce qu'on me croyait polonaise. Je l'ai gardée en traversant enfin la frontière suisse, décidée à revenir à une vie plus normale et « civilisée » pour y étudier la médecine et pouvoir aider plus de mères et d'enfants mourants, mais avec plus d'instruments, de médicaments et de connaissances. Je cherchais encore les réponses à certaines questions : Où l'être humain trouve-t-il la force intérieure et l'équanimité qui permettent d'affronter comme cette mère polonaise les crises de la vie ? Et surtout : Comment se fait-il que des êtres humains qui ont le même potentiel deviennent des êtres beaux, aimants et généreux comme cette jeune Juive ou des créatures de haine et de destruction comme les Nazis ?

J'ai toujours l'espoir que les gens se soucient davantage de ces questions.

Je reste convaincue que ces expériences de la réalité de la mort ont enrichi ma vie plus que toute autre. Affronter la mort, c'est se poser la question ultime du sens de la vie. Si nous voulons vivre vraiment, il faut avoir le courage de reconnaître que la vie est en fin de compte très courte, et que tout ce que nous faisons est important. Et au soir de notre vie, nous pourrons alors regarder en arrière et dire . « Cela en valait la peine, car j'ai vraiment vécu. »

Lettre à Elisabeth,
à la mémoire de Carol

Bal Mount, M.D.

Dans le texte émouvant qui suit, un médecin compétent à la fois dans la science et l'art de la médecine nous fait part des expériences personnelles et professionnelles qui, à mes yeux, le rendent différent de tous ceux qui, dans nos écoles de médecine, n'arrivent toujours pas à comprendre ce que nous avons à enseigner sur les soins aux mourants. Il s'était montré troublé au cours d'une conversation personnelle, en route vers l'aéroport de Montréal, et m'avait finalement fait part du sentiment de culpabilité qu'il avait éprouvé durant ma conférence sur les besoins des mourants. Une étudiante infirmière atteinte d'une maladie terminale lui avait récemment demandé une consultation. Il avait regardé ses pyélogrammes et radiographies, mais n'avait «pas eu le temps» d'aller la voir en personne. Il était bien inconscient de son comportement avant ma conférence qui l'avait évidemment troublé. Au moment de le quitter, je lui demandai deux faveurs. La première, d'aller voir cette patiente avant de rentrer chez lui, de façon à passer une bonne fin de semaine avec sa famille; la seconde, de mettre par écrit pour moi le cheminement qui avait formé sa conception de la mort, qui le distingue de la plupart des médecins que j'ai connus depuis que j'ai commencé à travailler sur la mort et le mourir. Sa réponse suit. On devrait trouver entre ses expériences personnelles de la mort, les miennes et divers sujets abordés ici des parallèles intéressants.

Ma chère Elisabeth,

Votre demande amicale de mettre par écrit le cheminement où s'est formée ma conception de la mort m'a donne à penser durant des heures de veille, la nuit dernière. J'ai redécouvert, classé et examiné des expériences oubliées; non, pas vraiment oubliées, elles sont trop indélébiles, simplement mises de côté et poussiéreuses.

J'entrai un jour dans la petite bibliothèque de mon père alors que mes parents regardaient une photographie récente. «Mon Dieu, comme j'ai vieilli depuis trois ans», s'étonna papa. Maman était d'accord. J'avais six ans, mais cela serait arrivé hier que je ne me souviendrais pas plus clairement du sentiment de panique qui m'étreignit le cœur. Papa devient vieux. Il va mourir bientôt.

Peu après, l'institutrice me demanda de rester après la classe, me mit un bras autour des épaules et essaya de tirer de moi une explication des larmes qu'elle m'avait vu verser en silence ce jour-là. Je ne pouvais me résoudre à parler de mes peurs. Elle me demanda enfin sur un ton connaissant : «Y a-t-il des problèmes à la maison?» Je saisis l'occasion et fis signe que oui, me sentant un peu coupable à voir son expression et à sentir quelle fausse image de tempête domestique j'avais ainsi projetée.

Il y a deux autres expériences d'enfance qui ont refait surface la nuit dernière quand j'ai soulevé la poussière. La première eut lieu quand j'avais six ans; elle concerne Mlle S., une gentille vieille fille qui vivait tout près et me donnait du lait et des biscuits. Mlle S. faisait partie de la famille. Elle habitait une grande maison qui semblait un peut triste à mes jeunes yeux. Et voilà qu'elle se mourait d'un cancer métastatique. Papa, dans sa sagesse, m'amena avec lui lors de la dernière visite qu'il lui rendit à domicile. Il entra d'abord, l'examina, lui donna le soutien de sa présence calme et réconfortante.

C'était un homme grand et imposant, d'une rigueur morale à toute épreuve; son souci profond de la souffrance des autres et son intérêt constant pour leur vie et leurs sentiments personnels inspiraient son attitude avec ses patients mourants. Il demanda à Mlle S. si elle aimerait me voir, puis me conduisit près de son lit. Son visage décharné et jauni, son sourire de bienvenue, la maigreur de sa main tendue, l'aise de mon père en sa présence, tout se fixa dans ma mémoire. J'avais vu pour la première fois la face de la mort, une mort qui, quand elle arriverait, serait accueillie comme un passeport pour la paix

J'avais quatorze ans quand ma mère subit une intervention chirurgicale; sa survie fut incertaine durant une partie de la période postopératoire. Il m'en reste des souvenirs précis : le visage de mon père buriné d'inquiétude; ses mots attentifs, un soir, assis sur mon lit : « Ta mère est très malade »; nos prières pour obtenir sa guérison; des moments dans un corridor vide à l'hôpital, devant la porte close de sa chambre, essayant de l'imaginer dans sa maladie, mais incapable d'y parvenir; l'idée qu'elle pourrait mourir. J'ai pris conscience très jeune du caractère transitoire de la vie.

Comment définir les autres événements qui ont coloré ma première conception de la mort : les effets d'une société consciente de la deuxième guerre mondiale, les émissions de radio que j'écoutais par-dessus l'épaule de mon grand frère quand notre mère était sortie. « Le Frelon vert»... « L'Ombre... » « Le Saint des saints ». Et ce dimanche après-midi ensoleillé d'automne de mon adolescence où nous avions pris l'avion pour aller voir mon frère Jim qui étudiant à la faculté de médecine. Il se produisit ce que nous apprîmes plus tard être le bris d'une bielle. L'avion vibrait à vous en arracher la tête comme un cheval sauvage emballé. Nous perdions rapidement de l'altitude. Nous survolions des champs labourés où défilaient des clôtures. Une aile effleura une meule de foin. La sueur froide, le cœur battant, l'huile noire sur le fuselage, la main de papa sur mon genou, « Pardonne-moi, je crois que ça y est. » La vibration folle du moteur sous l'effort, nous passâmes sous les fils à haute tension, sur une route de campagne et le long d'une rangée de grands ormes, l'aile droite s'arracha en touchant l'asphalte, l'avion se mit à déraper follement. Le Bonanza fit un tonneau et vint s'arrêter en face d'une maison de ferme en pierres. Personne n'était gravement blessé. Mais je savais encore mieux que la vie est transitoire.

L'époque de la faculté de médecine. « Ne t'imagine pas que je vais prendre le temps d'enseigner, mais tu peux me suivre si tu veux », tonna Ford Connell de sa façon coutumière, les sourcils levés avec emphase, la tête en avant si bien que ses yeux me fixaient à quelques pouces. C'est ainsi que le « vieil orignal », le « général côtes de fer », notre cher professeur de médecine me permit de le suivre dans sa ronde de visites médicales privées du dimanche matin. Médecin de famille et cardiologue extraordinaire, ce merveilleux professeur aurait été incapable de refuser l'occasion d'exposer un point clinique, et c'est ainsi que commencèrent une série d'immersions hebdomadaires dans la médecine générale qui sauvèrent ma carrière. Chaque semaine, je repartais enrichi après deux heures et demie de visites et une conversation devant un café et un beigne. Le jour de notre séparation, debout dans le hall d'entrée de l'hôpital, les mots de remerciement restaient pris dans ma gorge et l'émotion me faisait avaler très fort. Il grogna : « Eh ! bien, Mount, vous n'aurez peut-être pas appris grand'médecine, mais j'espère que vous avez appris comment vous occuper des gens », et tourna les talons ; je n'eus que le temps d'apercevoir l'émotion que reflétaient ses yeux mouillés. Maïmonides a dit : « Que je ne voie dans celui qui souffre que l'homme seul ». Pour quelques générations d'étudiants en médecine de l'Université Queen's, c'est Ford Connell qui a incarné et vécu cette grande devise.

J'étais encore dans la salle de réveil, je sortais à peine de l'anesthésie quand mon chirurgien se pencha pour me confier : « C'était une tumeur maligne, Bal »... De retour dans ma chambre, l'esprit éclairci, je n'eus pas à supporter des heures de doute et de peur. Je savais déjà. « Pourquoi moi ? » Je viens de sortir de la faculté de médecine, ma femme est enceinte, pourquoi moi ? Mais cette pensée ne dura guère. L'assassinat du Président Kennedy avait stupéfié le monde quelques jours plus tôt. Comme le dit Sir Alec Douglas-Home, premier ministre d'Angleterre, « c'était un de ces moments de la vie où le cœur et l'esprit s'arrêtent. On se sent protester de tout son être. ». Et nous nous étions tous demandé pourquoi lui et pas nous ? Non, avec cette pensée à l'esprit, on ne pouvait guère demander « pourquoi moi ? »

Mais les jours passèrent et un malaise vint s'ajouter au lourd souci du cancer. Pourquoi ma famille ne réagissait-elle pas davantage ? Ils étaient un peu soucieux, bien sûr. Mais ils semblaient si gais et prêts à parler de choses qui me semblaient si banales... Quelle ironie. Nous, une famille médicale si unie, nous ne pouvions discuter de nos peurs. Les seuls commentaires directs sur cette tumeur furent quelques traits d'esprit de mon frère après l'opération, au sujet de son frère mis en filets, et les commentaires de mon père sur le rapport de pathologie. Ce n'est que bien plus tard que je réussis à briser « la conspiration du silence » et à me faire raconter les scènes de larmes entre mes parents et ma femme, leur souci, leur amour...

Je ne peux évoquer ces jours tristes sans noter le rôle central qu'y joua la foi personnelle. Les prières des amis, de la famille et les miennes me firent mieux comprendre ce qu'il fallait demander : non la guérison, mais la compréhension, le calme et la force.

Je me découvris des ressources surprenantes et une nouvelle conscience vitale du sens de la foi personnelle. C'est aux pires heures de désespoir que ces ressources apparurent.

En me donnant un an plus tôt un volume contenant les trois livres de Tom Dooley, mes beaux-parents y avaient écrit : « En vous souhaitant de vous accomplir aussi pleinement... » Ces souhaits semblaient se réaliser en un étrange raccourci... Je souris à ce sévère tour du destin en commençant le livre que je n'avais pas eu le temps de lire plus tôt. Je fus très impressionné par la grâce de ce jeune hirurgien et saint irlandais américain qui mit en marche le programme d'aide médicale à l'Asie du Sud-Est alors qu'il était lui-même atteint d'un cancer terminal.

Tom Dooley me faisait clairement apparaître deux options. La réponse à la question « Combien de temps me reste-t-il ? » devenait « Il reste 'x' jours, et peu importe la valeur de 'x', il n'y a que deux possibilités, les vivre dans le désespoir ou les vivre à fond et les faire compter, comme l'a fait Dooley ». Le choix était clair et j'étais libéré d'un grand poids. Je ne saurais exagérer l'importance de ce moment. Il me conduisait à la prise de conscience suivante : qu'au fond, nous sommes tous dans le même bateau, avec 'x' jours à vivre. Même si je suis guéri du cancer, je suis d'un jour plus près de la mort aujourd'hui qu'hier. Nous le sommes tous. Pour tous donc, ce n'est pas la quantité de vie qui compte, mais la qualité. Il a fallu un cancer pour mettre ma vie en perspective et m'ouvrir le concept de la mort comme expérience de croissance.

Des années plus tard, je me tiendrais complètement fasciné à l'arrière d'un auditoriun comble pour vous écouter décrire la série de stades que nous traversons pour atteindre l'acceptation de notre état terminal. Ma maladie me servait d'introduction personnelle à ces vérités sur l'acceptation du patient dont je ne devais entendre parler que plus tard; et un événement des mois suivants fit connaître à ma famille les sentiments de deuil. Trois mois après ma tumeur, la femme de mon frère mourut en couches. Betty était une brillante pianiste, une épouse et une mère dévouée; elle était un centre vibrant de notre famille. Elle avait vingt-huit ans. Je fus écrasé par la colère, la culpabilité et la dénégation, au point d'en vomir physiquement.

Une dernière leçon pénible m'attendait pour m'empêcher de croire que l'expérience préalable me rendait expert à affronter la mort. Un retour en arrière fulgurant me fait revoir le visage de mon fils de six ans passer de la folle excitation à la peur sur une bicyclette dont il perdait le contrôle. Il s'éloignait de moi en descendant la côte interdite; la roue avant tourna; il plongea par-dessus les poignées et tomba la face contre le ciment. Il était profondément inconscient et décérébrant quand je le retournai, incrédule et horrifié. Au cours des minutes et des jours suivants, j'ai maudit Dieu de tout mon être. Mon fils guérit, mais je n'ai plus jamais pris pour acquise mon acceptation de la mort. Il faut reprendre le combat contre la mort chaque fois qu'elle se présente, comme les bras du moulin de Don Quichotte.

Dix ans plus tard, j'entre dans la chambre de la patiente et me présente. « Je suis heureuse de vous voir, dit-elle, je vous attendais depuis plusieurs jours». Toute pâle sur ses oreillers, Carol esquissa un léger sourire. Je saisis l'occasion d'expliquer mon retard et d'entreprendre une franche discussion avec la jeune patiente, étudiante infirmière. « Je regrette le retard. Le nom d'Élisabeth Kübler-Ross vous dit-il quelque chose?»

« Oui, j'ai assisté à sa conférence de l'an dernier à Montréal. Elle m'a enlevé la peur de mourir. » Et votre affirmation, Elisabeth, que « les meilleurs professeurs sont les mourants eux-mêmes», prit tout à coup un sens nouveau. Première leçon de Carol : « Ne remettez jamais à plus tard ce que vous voulez dire ou faire à un mourant. » Elle me restait dans l'esprit depuis trois jours. Pas le temps..

«Femme blanche, vingt ans; carcinome ovarien métastatique, hypertension, hypercalcurie, crises, non-visualisation du rein gauche et faible visualisation du rein droit à la pyélographie.» Y avait-il quelque chose à faire au niveau urologique?

J'avais pensé la voir tout de suite. Vous étiez de passage en ville. Elle aurait peut-être entendu parler de vous, vous pourriez vour rencontrer, ce serait peut-être pour Carol une expérience majeure. Mais il fallait d'abord sonder le terrain. Je ne pouvais guère arriver avec Elisabeth Kübler-Ross sans avoir vérifié si elle savait que sa maladie était terminale. Pas le temps. Quelle ironie, encore une fois. J'avais le temps d'étudier son pyélogramme et d'évaluer médicalement son cas que je savais désespéré, mais je n'avais pas le temps d'évaluer ses besoins émotionnels, le seul domaine où nous aurions pu l'aider. Ratée l'expérience majeure. Je venais de vous laisser à l'aéroport; vol d'Air Canada pour Chicago. Les mots «elle m'a enlevé toute peur de la mort» me bouleversèrent.

Carol avait l'impression d'être là depuis une éternité, mais il ne s'était passé que huit semaines depuis le mariage de sa sœur. Il y avait eu auparavant un mois de douleurs abdominales, trois hospitalisations, des prises de sang, rayons-X, ECG, EEG, et intervention chirurgicale. «Carcinome anaplastique indifférencié.» Comment réagir quand on a vingt ans? «Qui ou qu'est-ce qui t'a le plus aidé, Carol?» «Un des internes. Un matin, une fois tout le monde parti, il a pris le temps de rester pour me demander. «J'ai entendu dire que tu avais mal dormi la nuit dernière. Qu'est-ce qui se passe?» Et puis nous avons parlé, et je me suis sentie mieux.» Leçon deuxième de Carol : «Un si petit effort fait tant de différence».

Lors de ma deuxième visite à Carol, ses parents étaient présents. On sentait la tension sous-jacente à leur conversation sur la température, ses amis, les fleurs et la radio. Dans le corridor, son père me confia qu'il était ébranlé et avait dû quitter la chambre à plusieurs reprises pour éviter de craquer. Je discutai des alternatives avec lui. «Je ne crois pas qu'elle soit vraiment au courant de la situation», me dit-il avec un doute. Ce matin-là, Carol m'avait serré la main très fort en me demandant : «Croyez-vous qu'il y a une vie après la mort» Elle avait ajouté avec une larme dans les yeux et un sourire triste, mais espiègle : «Je l'espère. Je n'ai pas peur de mourir, mais j'ai peur de faire souffrir ma famille et mon ami. Je ne veux pas qu'ils souffrent.» Le besoin d'une discussion franche était évident. Le père de Carol rentra dans la chambre et lui prit la main. Le flot de sentiments qui suivit brisa la conspiration du silence.

Carol fit preuve de courage, de cœur et de force jusqu'à la fin. Son acceptation, si réelle à un certain niveau, ne l'empêchait pas de se protéger par une dénégation, un espoir qu'elle eut de moins en moins besoin de cacher avec les jours qui passaient. Un jour enfin, alors que son père et moi étions auprès d'elle, elle nous prit les mains, regarda son père et dit : «Je ne peux pas continuer comme ça. Je veux mourir. Je regrette de te dire cela, papa, je t'aime tant...» La patiente Carol fut notre professeur au cours des derniers jours, elle nous fit découvrir les déficiences de notre hôpital en ce qui concerne les malades terminaux. L'infirmière qui croyait qu'il ne fallait pas laisser un médecin seul avec Carol de peur qu'il ne lui dise quelque chose qui la blesse; le ministre qui vint la voir, mais ne put répondre à ses besoins parce qu'il ne savait pas où elle en était sur la route de la foi; les médecins qui programmèrent un second EEG cette semaine-là, pour son dernier jour à vivre : nous avons tous appris de Carol.

Un an et demi plus tôt, dans l'auditorium comble de McGill, nous avions tous les deux passé une soirée avec vous. Ça avait été pour moi un soir de découverte où j'avais vu sous un jour nouveau le chemin que j'avais fait avec un cancer. Pour Carol, ça avait été l'étincelle qui lui avait fait écrire un travail sur «Comment l'enfant voit la mort». Nous ne nous doutions pas ce soir-là qu'il faudrait si peu de temps pour que l'élève devienne professeur et que nos trois chemins se croisent à nouveau en ce dernier jour. Carol a reçu votre lettre la veille de sa mort. En quittant l'hôpital ce soir-là, je me disais qu'il nous restait bien du chemin à faire et qu'il y avait moyen de mieux voir aux besoins des malades terminaux. Carol nous avait révélé notre force, mais surtout nos évidentes déficiences. Elle nous rappelle quant à nos attitudes envers les mourants que «nous avons des promesses à tenir et des milles à faire avant de dormir».*

Note: Le Dr Bal Mount et son équipe dévouée ont mis sur pied à l'hôpital Royal Victoria de Montréal une Unité de soins palliatifs qui permet de satisfaire à tous les besoins des malades terminaux. Cette unité est la réalisation d'un de mes rêves

E.K.R.

* Robert Frost, *Un soir de neige dans les bois*

Louie*

Shirley Holzer Jeffrey

J'ai dit plus haut que c'est la qualité de la vie qui compte et non le nombre d'années que nous vivons. Carol en est un exemple; elle a marqué bien des vies, le peu de temps qu'elle a vécu. Louie a eu une vie difficile et n'a enfin trouvé l'acceptation et l'amour que pour tout abandonner à la sombre faucheuse qu'est la mort. Cette brève histoire de sa vie et de sa mort est écrite et publiée en sa mémoire et en hommage à ce beau jeune couple, Louie et Diane, dont l'amour saura émouvoir et faire voir qu'il faut vivre, aimer et se laisser croître aujourd'hui, de façon à pouvoir un jour exprimer la même gratitude pour la vie qu'on aura eue.

LOUIE: grand, mince, seize ans. Il avait vécu dans au moins sept familles différentes et n'avait pour s'occuper de lui, le suivre et l'aider à devenir la personne qu'il avait le potentiel d'être qu'une vieille grand-mère. La vieille grand-mère devenait sénile, elle vivait dans une maison de retraite. Les sept familles où le garçon avait vécu avaient toutes, pour une raison ou une autre, trouvé au-dessus de leurs moyens la tâche de faire un homme d'un garçon.

C'est alors qu'il entra dans nos vies. Il vivait au YMCA et fréquentait notre école. Il vint vivre avec nous. C'était un garçon timide et sensible, il avait peur de faire confiance, il luttait pour trouver son identité. Il était de commerce agréable et faisait de son mieux pour se convaincre que son expérience avait des côtés positifs. Il soulignait qu'il avait appris beaucoup de choses sur les gens en vivant dans plusieurs familles. Il se protégeait de la colère de tous ces rejets en construisant des murs de rationalisation qui lui

---

* «Louie», par Shirley Holzer Jeffrey. Copyright © 1975 par Shirley Holzer Jeffrey. Reproduit avec la permission de l'auteur.

permettaient d'accepter son expérience. Mais il devait porter au fond de lui-même bien de la souffrance de la colère Il ne pouvait plus faire confiance, parce qu'on l'avait laissé tomber trop de fois.

En cherchant une réponse à la question « Qui suis-je ? », Louie ne se trouvait pas de famille par le sang. Il gardait comme un trésor des photos et des articles sur la famille dont il venait. Ses parents étaient morts tous les deux avant qu'il n'ait cinq ans. Ces quelques souvenirs n'aidaient guère l'adolescent à trouver son identité. Face à ses pairs, il se donnait une identité de la seule façon qu'il pouvait : il devint le garçon le mieux vêtu de l'école, il se faisait reconnaître par le vêtement. Il voulait qu'on le trouve « collège », ce qui était l'expression du jour pour décrire celui que ses pairs remarquaient et admiraient. Il s'acheta une voiture sport qui lui donna de la mobilité et un certain statut. Il sentait vaguement que de telles choses n'assurent pas la sécurité. Mais son expérience lui avait montré qu'on n'en trouve pas non plus dans les relations avec les gens. Nos conversations se prolongeaient tard le soir; il était alors possible de traverser le mur un tant soit peu et de lui témoigner notre affection profonde à son égard.

Louie voulut continuer ses études et ce choix ouvrit la porte à de nouveaux conflits. Nos conversations durant les vacances révélaient la profondeur de la lutte qu'il avait à mener. Il fréquentait une jeune fille chaleureuse et délurée qui l'attirait parce qu'elle avait pour lui un attachement évident et qu'elle lui rappelait la seule femme adulte qu'il eut admirée. Elle était attirée vers lui en partie à cause du passé qui le rendait différent. Elle voulait lui donner ce dont il avait manqué. Ils se marièrent à la fin de ses études secondaires, mais elle n'arrivait pas à se faire aux murs de protection qu'il maintenait. Le mariage menaçait ces murs qui l'avaient protégé si longtemps et il était déchiré entre le désir d'être proche et la crainte que lui causait le risque de la confiance. « Si je lui fais confiance, elle pourra me laisser tomber elle aussi. Comment être sûr de ne pas être blessé de nouveau ? Comment me fier ? »

Ce problème suffisait bien à une vie. Mais voilà qu'il tomba malade. Il se rendit à la clinique Mayo où, après une série de tests, un médecin entra dans sa chambre et lui annonça : « Eh! bien, nous savons enfin ce qui ne va pas, vous avez la maladie de Hodgkin. » Et sur ce, le médecin tourna les talons et laissa Louie et sa femme, Diane, sous l'effet du choc. Ils étaient horrifiés. Ils étaient assaillis de mille pensées, de mille questions. Il leur aurait fallu des réponses. Qu'est-ce que la maladie de Hodgkin? Que nous réserve l'avenir? Quelles sont les chances de survie? Combien de temps? Que faut-il faire? Quels sont les traitements possibles? Y a-t-il de l'espoir? Un médecin aurait pu les aider à répondre à ces questions. Mais les deux jeunes gens restèrent seuls dans cette chambre d'hôpital, loin de leur maison et de leurs amis, en pleine angoisse face à un inconnu vaste et sombre. Et il n'y avait là personne qui trouve le temps d'écouter leurs questions, leur souffrance, leur angoisse. Il n'y avait personne.

L'aumônier arrêta les voir. Il aurait pu prêter une oreille attentive aux sentiments qui se vivaient. Mais il se lança plutôt dans un bavardage futile et des propos superficiels sur la ville dont ils venaient. En entrant dans cette chambre d'hôpital, il avait l'occasion d'exercer son ministère. Mais en comprenant qu'il s'en tiendrait à ce bavardage, les deux jeunes gens ne cherchèrent plus qu'à s'en débarrasser. Ses mots vides résonnaient comme des cymbales dans la chambre close de leur angoisse.

Louie et Diane rentrèrent de la clinique sachant que le mal était déjà avancé. Il n'y avait que très peu d'espoir. Que réserve l'avenir? Qu'est-ce qui va se passer? Pourquoi y a-t-il des gens qui deviennent vieux alors que sa vie à lui sera si courte? La maladie de Hodgkin!!! Les plus grandes peurs brûlent tout le corps comme de grands chocs électriques. « Je vais mourir. Je vais perdre ma belle apparence. Mes cheveux vont tomber. Je vais devenir bouffi. Je vais devenir laid. Comment Diane réagira-t-elle? Elle m'a marié parce que j'étais fort et qu'elle voulait une vie normale, un foyer et des enfants. Je ne pourrai rien lui en donner. Je me sens coupable, fâché et impuissant. Elle a marié un beau jeune homme en santé, elle rêvait d'un foyer et d'une famille et elle reste prise avec un être laid et malade, qui deviendra de plus en plus malade et ne pourra rien lui donner. Chaque fois que je vois un vieillard, je le déteste rien que d'être en vie. » Le désespoir, la frustration, la colère, la peur et la terreur devinrent des présences quotidiennes.

Des lettres se mirent à arriver. Louie découvrit qu'il y avait des gens qui tenaient à lui, qui souffraient de sa souffrance. Les unes disaient : « On comprend mal que Dieu laisse une chose pareille arriver » Elles poussaient Louie à se sentir coupable et soulignaient la question naturelle : « Pourquoi moi ? » Quelqu'un écrivit : « Dieu ne veut pas que tu sois malade, mais il veut que l'expérience qui est la tienne te fasse grandir. » D'autres parlaient d'autres cas et d'autres tragédies dont ils avaient été témoins, dans l'espoir que le récit des malheurs d'un autre soulagerait la souffrance de Louie. Louie avait le sentiment que les auteurs de ces histoires ne voulaient ni s'identifier avec lui ni sentir sa souffrance. Quelqu'un lui écrivit : « Je pense à toi avec foi, espoir et amour. » Louie apprécia vivement cette note. Elle lui communiquait qu'il y avait quelqu'un qui pensait à lui et souffrait et espérait. C'est ce qu'il avait besoin de savoir. Personne ne pouvait effacer sa situation, mais on pouvait lui offrir soutien et affection. Quelqu'un lui envoya les mots du XXIIe Psaume. Le psalmiste exprimait tout à fait bien les sentiments que vivaient Louie et Diane.

La saison de Noël arriva. Louie était plus mal. Il fallut l'hospitaliser. Il avait peur et se sentait seul et vulnérable Des cartes se mirent à arriver, puis des fleurs et enfin un camarade de travail apporta cent dollars ramassés parmi ses camarades pour aider à couvrir les dépenses. Louie en fut surpris et ému aux larmes. Il ne pouvait pas croire qu'on tienne tant à lui. Il avait bâti sa vie sur la certitude que tout le monde s'en fichait. Il dit un jour, après cette hospitalisation : « Si la maladie de Hodgkin a un bon côté, c'est qu'elle m'a fait découvrir qu'il y a des gens qui m'aiment. Je ne sais pas quoi en faire, mais j'en suis heureux. »

Les premiers mois, il se débattit avec une question qu'il reprenait en tout sens : « Si je ne dois pas vivre longtemps, pourquoi est-ce que je ne ferais pas tout ce que je veux ? » La question changeait de forme selon le moment : « Pourquoi est-ce que je travaillerais ? », « Pourquoi est-ce que je ne mangerais pas du bifteck tous les soirs ? », « Pourquoi est-ce que je n'achèterais pas tout ce que je veux ? » « Pourquoi ne pas me droguer tout le temps si j'en ai envie ? » Louie dut découvrir par lui-même que ni la fuite ni le laisser-aller ne donnent un sens à la vie.

Louie devint bouffi comme il l'avait craint, mais il ne perdit pas ses cheveux. Le terrible savoir quotidien de la maladie lui fit faire la fantaisie qu'il rencontrerait une fille atteinte de la maladie de Hodgkin et qu'ils partiraient ensemble pour une île quelque part. Cette fantaisie révélait son besoin profond de quelqu'un qui puisse vraiment comprendre ses sentiments, et ce quelqu'un n'aurait pu les connaître qu'en les vivant lui-même.

Une année se passa, Noël revint, et Louie se retrouva à l'hôpital de nouveau. Cette fois, apprit-il, la maladie avait progressé et la drogue qu'on lui donnait ne fonctionnait plus. Ses poumons étaient en mauvais état et sa colonne vertébrale prête à briser. Il faudrait lui donner d'importantes doses de cobalt pour renforcer le point faible. On emploierait une nouvelle drogue, qui aurait des effets moins complets que l'autre, mais ne produirait plus la terrible nausée. Ces nouvelles produisirent une nouvelle vague de terreur. Le traitement au cobalt complété en deux semaines, il rentra chez lui. Ce ne fut que pour en revenir presque mort soixante-douze heures plus tard. Son état était critique. Il ne répondait plus à personne. Il fallut envisager la possibilité de le perdre. À quatre heures de l'après-midi, il ouvrit les yeux et dit ses premiers mots. Nous fumes soulagés. Il vivrait, cette fois. Les plaquettes sanguines ajoutées à son sang avaient rétabli Louie très rapidement. Un jour, il était presque mort, le lendemain, il était debout et se rasait. Il découvrait comme il pouvait changer rapidement, dans les deux directions.

Nous en parlâmes. Il se disait heureux d'être à l'hôpital parce que les gens comprenaient qu'il était très malade, que sa condition était grave. « Je n'ai pas à faire semblant d'être fort quand je suis à l'hôpital. Les gens qui viennent me voir savent que je suis vraiment malade. » Il y avait cependant une autre partie de lui-même qui craignait la faiblesse. « Je ne peux accepter d'être faible. Cela me fâche Je ne sais pas quoi faire. Je pleure pour des riens. Je n'arrive pas à contrôler mes émotions. » Il éprouvait de la peur et de la frustration. Il dit une autre fois : « L'idée de ce qui se passe dans mon corps est terrifiante. Je peux aller beaucoup plus mal sans même le savoir. Je vérifiais déjà mes nodus tous les matins. Maintenant, il faudra encore que je vérifie mes os?» L'inconnu est un monstre terrible à rencontrer.

Au cours des semaines qui suivirent cette dernière hospitalisation, Louie sentit que la mort approchait; il était terrifié. Il ne trouva à réagir qu'en prenant assez de somnifères et d'autres drogues pour s'assommer. Il réussit presque à s'assommer pour de bon et se retrouva donc à l'hôpital.

Il avait peur de la terreur elle-même. Il la détestait. «Pourquoi ne puis-je pas faire comme cet homme qui n'avait dit à personne qu'il avait le cancer? N'était-il pas beaucoup plus noble que moi?» Je lui répondis : «Cet homme avait peut-être encore plus peur que toi. Si personne ne le savait, il pouvait faire semblant de ne pas être malade et ne pas même se l'avouer.» Un air de soulagement traversa le visage de Louie et il continua: «Quand je suis descendu pour l'examen du foie, il y avait cet homme qui pleurait : 'Pourquoi ne pouvez-vous pas arrêter tout ça et me laisser mourir?' Je lui ai dit: 'Vous avez peur de ce qui s'en vient.» Il me dit comme il avait peur. Et il me parla enfin d'un joueur de football qui, atteint de la maladie de Hodgkin, voulait aller au Mardi-Gras, mais était mort avant d'y arriver. L'avenir est inconnu. Quand la mort viendra-t-elle? Y aura-t-il un avertissement? Sera-t-elle graduelle ou rapide? Peut-elle être évitée? Toutes ses peurs s'exprimèrent. Je rentrai chez moi et écrivis pour Louie' :

Je ne sais pas
si tu le sens
comme moi.
Peut-être que non.
Mais pour moi
il y a dans l'amour
que j'ai pour toi
une dimension
absolument unique!
Je sais clairement
qu'à chaque mois
qui passe
tu me deviens
plus précieux.
Et une des raisons

qui font que c'est comme ça,
c'est que tu ne te caches pas
derrière un masque,
mais que tu partages
tes souffrances et tes peines,
tes soucis et tes rêves,
tes fantaisies et tes plaisirs,
tes colères et tes intuitions.
De partager ta lutte
m'a donné
une dimension d'être
que je n'avais pas.
Et je te remercie d'avoir partagé avec moi.
Je souffre avec toi une toute petite partie
de ta souffrance.
Et cette petite partie, parfois,
j'ai déjà du mal à la supporter.

Oui, je me sens faible
comme toi.
Et je dis « Merci mon Dieu pour le sentiment de faiblesse. »
Parce que de quelque façon
en partageant des sentiments de faiblesse
on y découvre un sens ignoré
de ceux que l'on dit forts,
qui ont besoin de cacher leurs sentiments de faiblesse.

Louie encadra cet hommage et l'accrocha au mur de sa chambre. Pour lui, cette déclaration prenait tout son sens. Trop souvent, on n'exprime pas ses sentiments. Le mot écrit, permanent, est souvent très précieux pour celui qui le reçoit.

Louie est mort. Ses craintes d'une mort lente se sont trouvées injustifiées. Son agonie ne dura qu'une semaine. Mais quelles souffrances physiques et quelles frustrations durant cette semaine ! Ses craintes des deux années précédentes étaient terminées. Il restait l'agonie à endurer. Peut-être est-elle aussi nécessaire à la croissance de l'esprit que la chaleur au trempage de l'acier. Trois heures avant sa mort, une grande affirmation suivit l'agonie. Durant une demi-heure entière, il communiqua avec tous les accents de l'esprit conquérant. Il n'y avait pas de mots, rien qu'un

« Ummmmmmmmm, Hummmmmmmmmmmm, um hum, ummmmmmmmmm hummmmmmmmmmmmm!!! » continu et intense. Qu'est-ce que cela voulait dire ? On y sentait sûrement de la gratitude pour ce qui avait été, mais aussi pour ce qui allait venir. Son esprit était toujours avec nous, mais semblait déjà toucher l'éternité. C'était si fort et si intense, il était presque incroyable qu'il put trouver la force d'un tel témoignage. UMMMMMM HUMMMMM!!!!! ummm hummm! HUMMMMMMMM HUMMMMMMMM!!!!!!!!

La mort n'est plus pour moi un simple mot que je cherche à éviter. C'est une expérience dont j'ai senti la proximité à ma souffrance et à mon angoisse auprès de Louie engagé dans l'acte de mourir. Au début de la semaine, je sentis la souffrance, la frustration, la peur et l'angoisse. Il me dit qu'il attendrait au vendredi pour en parler. Plus tard au cours de la semaine, je sentis le courage, l'affrontement, l'agonie et la frustration. J'avais peur. Je voulais m'échapper. Je voulais être libre.

Le vendredi, je sentis la victoire, la conquête et enfin l'anticipation. J'avais l'âme à nu comme jamais dans ma vie. Ce sont sûrement les moments d'émotion les plus intenses que j'ai vécus. Il avait les yeux grands ouverts, tenait avec force la main de Diane et poussait son chant d'affirmation : Ummmm Hummmm! Ummmmmm hummmmmm!! Ummmmmm Hummmmmm!!!! Et j'ai vu de mes propres yeux que la mort est une naissance. C'est terriblement dur. C'est sans doute ce qu'on fait de plus dur. Mais on passe des ténèbres à la lumière.

L'esprit conquérant de Louie portait témoignage d'un nouveau chapitre dont nous n'avons que l'indice.

Toute ma vie, je serai plus riche de cette douleur! Une nouvelle compréhension de la vie y a pris naissance. Il faut vivre la vie en biffant chaque signe moins d'un trait pour en faire un plus. S'il faut vivre l'agonie, il y a ceux qui sont prêts à prendre une partie du fardeau. Le courage est donné à celui qui souffre. Le courage vient de l'extérieur autant que de l'intérieur. Les moments importants de la vie sont ceux qu'on partage avec les autres, peu importe le prix. Les souffrances partagées créent la proximité. Le don de l'amour est le don le plus précieux, et c'est à la fin de la vie qu'il est possible de l'exprimer le plus pleinement. Toute ma vie, je serai plus riche de cette douleur. J'en ai tiré une nouvelle compréhension de la mort. La mort est un autre commencement, non une fin. Il ne faut pas craindre la mort plus que la naissance. Quand le corps cesse d'être, l'esprit en émerge, libre et désentravé. Toute ma vie je serai plus riche de cette douleur!

Douleur:
On a mal au fond de soi
On se sent diminué,
moins que ce qu'on était.
Vide
dépossédé
perdu et incomplet.
Douleur, un mot qui fait mal
Mais s'il y a quelqu'un
pour la partager,
elle devient endurable
et prend sa place
dans l'ordre des choses
comme un moment d'être
plein de grande émotion
et un moment de proximité
où on grandit et devient plus
que ce qu'on a été.

IN MEMORIAM

Nous éparpillons ces cendres,
tout ce qui reste de tangible
de Louie Peter Knudsen.
Mais rendons grâce à Dieu pour l'intangible :
l'impact de sa vie sur les nôtres.
Nous nous souviendrons
— du sourire
— des sourcils froncés
— de l'air interrogateur
— de l'amour
— du courage
— de la souffrance
— de la douleur

— des moments profonds
— des moments de plaisir
— des moments de recherche
— des moments de risque
— du moment de la grande affirmation
durant toute notre vie.
Nous porterons la marque
de cette influence.
Il nous a ouvert bien des portes,
des mondes de signification.
Nous resterons toujours sensibles
à l'importance de la vie.
À cause de Louie nous vivrons autrement.

AMOUR — GRATITUDE

L'agonie est profonde...
Et pourtant je la supporterai.
Si je n'avais tant aimé
Je ne souffrirais pas tant.
Mais Dieu sait que je ne voudrais pas
d'une fraction d'once
diminuer cet amour précieux.
Je souffrirai,
Et je serai reconnaissant de la souffrance
Car elle témoigne
De la profondeur de ce que nous signifions
Et de cela je serai
Éternellement reconnaissant.

Pour ma femme, Wanda : l'amour ne s'en ıra jamais*

Orville Kelly

Je pense en revoyant ce manuscrit à tous les gens, amis et patients que j'ai perdus ces dernières années. Ernest Becker, l'auteur de The Denial of Death *(La dénégation de la mort) mourut quelques semaines après m'avoir donné le privilège de revoir son manuscrit. Il avait terminé un véritable chef-d'œuvre quelques semaines avant de mourir. Jacques Choron, un autre écrivain admiré, mourut comme je terminais son manuscrit sur le «Suicide», et Alsop l'a suivi il y a quelques mois. Carol, Louie et plusieurs autres ont laissé leur marque. Et voici un malade terminal qui prend une influence nationale, Orville Kelley, un homme dans la quarantaine, plein de cancer, que sa souffrance conduisit à créer l'organisation «Chaque jour compte». Des malades terminaux de tous les âges s'unissent dans le seul but de lutter contre leur solitude et leur isolation, d'échanger et de s'entraider. Orville Kelley restera connu comme le fondateur de cette organisation nationale, bien sûr. Mais il ne faudrait jamais oublier que tout ce travail, toutes ces idées créatrices et innovatrices nées de la souffrance et du désespoir, il ne faudrait pas oublier que c'est l'œuvre de la mort d'un homme qui eut aimé vivre et savait qu'il lui fallait dire adieu à ceux qu'il aimait.*

Orville m'a fait un don qui me restera toujours précieux, ce poème où il exprime ses sentiments et sa consolation :

---

* «Pour ma femme, Wanda : l'amour ne s'en ira jamais», par Orville Kelly. © 1975 par Orville Kelley. Ce poème paraît pour la première fois ici, avec la permission de l'auteur.

Le printemps. La terre est verte et fraîche
Sous le soleil doré.
Nous avons arpenté la terre, toi et moi,
Sans nous douter du futur qui nous attendait.
Penseras-tu souvent à moi
Quand les fleurs chaque année fleuriront?
Quand la terre à nouveau revivra?
On dit que la mort, c'est la fin,
Mais mon amour pour toi ne peut jamais mourir.
Et comme le soleil a réchauffé nos cœurs,
Que cet amour un soir revienne te toucher,
Quand je serai parti
Et que tu seras seule
Et avant que l'aurore
Éparpille tes rêves.

L'été. Je n'avais jamais su qu'un oiseau
Pouvait chanter si clair et doux
Avant qu'on ne me dise qu'il faudrait te quitter
Pour un temps.
Je n'avais jamais vu le bleu du ciel si pur
Avant d'apprendre que jamais
Je ne vieillirais avec toi.
Mais j'aime mieux avoir été aimé de toi
Que d'avoir vécu un million d'étés
Sans avoir jamais connu ton amour.
Ensemble, toi et moi,
Souvenons-nous des jours, souvenons-nous des nuits
Durant l'éternité.

L'automne. Et la terre se met à mourir.
Les feuilles sur les arbres deviennent brun doré.
Pense à moi en automne, car j'y marche avec toi
Comme autrefois le soir, sur les trottoirs des villes
Même si je ne peux plus te tenir la main.

L'hiver. Peut-être un jour trouverons-nous
Une autre cheminée et une autre maison
Et son feu pétillant, sa fumée odorante
Et tout à coup, nous retournant, nous serons là, ensemble,
Et je t'entendrai rire et toucherai ta face
Et te tiendrai tout contre moi encore...
Si d'ici là la solitude vient te trouver

Quelque soir d'hiver et de neige,
Rappelle-toi ; quoique la mort me soit venue,
l'amour ne s'en ira jamais !

La Mort, dernière étape de la croissance

Nous terminons ce livre en refermant le cercle pour revenir à son titre et à son thème : la mort, dernière étape de la croissance. Nous avons regardé la mort de différents points de vue pour élargir la perspective sur le sujet. Nous avons tenté de montrer la mort comme un aspect significatif et producteur de croissance de la vie, de donner à penser que l'étude et l'expérience de la mort peuvent enrichir la vie sur terre et lui donner son sens. Les textes ont été choisis pour communiquer ce message autant que pour exposer la nécessité de faire face à la mort pour la comprendre et l'accepter comme partie intégrante de la vie.

Ce livre sur la mort et la croissance ne pourrait se conclure mieux que sur un texte intitulé : « L'Acte de mourir, dernière étape de la croissance». En plus de reprendre et d'intégrer les idées déjà discutées ici, ce texte présente un message important : que nous, humains, mourons sans cesse et non seulement à la fin de la vie physique sur terre. Les étapes de l'acte de mourir que j'ai décrites s'appliquent aussi bien à tout changement significatif (retraite, changement d'emploi, de ville, divorce, etc.), et le changement se produit tout au long de l'existence humaine. Qui peut affronter et comprendre sa mort ultime peut peut-être apprendre à affronter et à traiter productivement les changements qui se produisent dans sa vie. Il faut être prêt à risquer l'inconnu, à s'aventurer en territoire étranger, pour entreprendre la quête de son propre soi, but ultime de la croissance. En s'ouvrant et en se donnant au dialogue avec les autres, on commence à transcender son existence individuelle et on devient *un* avec soi-même et avec les autres. On peut voir venir dans la paix et la joie la fin d'une vie ainsi engagée, sachant qu'on a bien vécu sa vie.

L'acte de mourir, dernière étape de la croissance*

Mwalimu Imara

L'auteur de ce texte reprend et unifie une bonne part des idées exprimées ici. Il explique qu'il faut apprendre à mourir pour apprendre à vivre, que devenir vraiment soi-même exige parfois qu'on meure à la vie que la société avait choisie pour soi, que chaque nouvelle étape de croissance implique le rejet de nouvelles entraves. Il montre que pour croître, il faut sans cesse mourir et renaître, comme la chenille qui devient papillon. Il souligne que, quoique ce soit au seuil de la mort qu'on ait sa dernière occasion de croissance, la croissance ne devrait pas attendre jusqu'à cette crise. En comprenant comment la mort peut faire croître, on peut apprendre à «mourir» et à croître à tout moment. L'auteur expose enfin quelles qualités permettent de prendre la mort confortablement et productivement. Ce sont les qualités mêmes qui, à toutes les étapes de la vie, distinguent l'être humain en croissance.

La santé n'équivaut pas au bonheur, à la satiété ou au succès. Il s'agit surtout d'être *un* avec les circonstances où on se trouve. Même la mort est un événement sain si on assume pleinement le fait de mourir... C'est une question de conscience, de vivre dans le présent. On est en santé si on ne fait qu'un avec son existence présente, quelle qu'elle soit.
(Latner, p. 64)

Ma vie jusqu'ici semble n'avoir été qu'une longue série d'expériences de croissance. À un moment donné, tel mode de vie ne me convenait plus, je ne pouvais plus y

---

* «L'Acte de mourir, dernière étape de la croissance», par Mwalimu Imara, © 1975 par Mwalimu Imara. Cet article, écrit spécialement pour le présent volume, est publié avec la permission de l'auteur.

participer, je n'y coïncidais plus avec ce que je me sentais être. Je mourus à ces situations et vécus l'angoisse et la renaissance dans une nouvelle ville, un nouveau pays, un nouvel emploi, une nouvelle profession. Le métier d'imprimeur ne me convenait plus, la vieille vocation tenace me revenait, aussi je quittai mon emploi, mes relations d'affaires, mes goûts luxueux et je passai sept ans au collège à apprendre le style de vie d'un ministre. À trente et un ans, j'abandonnais la sécurité et le confort d'une vie d'homme d'affaires réussie pour le dieu-sait-quoi du monde d'un religieux professionnel. Onze ans plus tôt, je me souviens, j'avais quitté l'atmosphère relativement libérale de Montréal pour le climat racialement restrictif des États-Unis. Pourquoi je voulais ainsi quitter ma ville natale pour l'étranger, je ne sais. Je savais seulement que ma ville devenait quelque chose qui ne me convenait plus. C'est dans la crainte et le tremblement que je quittai le Canada pour cette New York de soufre et de feu.

Regardez votre vie. Pensez aux moments de séparation et de douleur voulues où vous vous occupiez de votre propre croissance, où tous les saints du ciel ne vous auraient pas empêché de poser ces actes de votre devenir. Qu'on assume un nouveau lieu ou une nouvelle profession, qu'on se découvre nouveau dans une situation thérapeutique, peu importe la situation, l'expérience de la croissance est chargée d'angoisse et aussi pleine de crainte que d'excitation et d'accomplissement, de douleur que de joie. La vie humaine, la mienne et la vôtre, permet cette expérience de croissance du premier moment après la naissance au dernier souffle avant la mort.

On peut être une personne sans conflit majeur ni faille dans son sens de soi-même, le fait d'être en santé psychique et spirituelle n'élimine pas les peurs et les crises inévitables qui accompagnent la croissance et le changement. On a toujours un sentiment de risque quand on abandonne une structure de vie familière, volontairement ou involontairement. Quand la nouvelle situation implique des changements qui peuvent avoir des conséquences graves sur notre bien-être futur, le niveau d'angoisse est nécessairement élevé. Abandonner de vieux comportements, briser de vieilles structures, c'est comme mourir, au moins mourir à un vieux mode de vie pour une nouvelle vie aux valeurs et aux relations inconnues. Mais vivre sans changement, c'est ne pas vivre du tout, ne pas croître du tout. Il n'y a pas de vie sans mort. Il n'y a pas de vie sans croissance. Limiter ce processus, c'est se condamner à vivre comprimé.

Dans toutes les situations de croissance, sauf une, on peut prévoir de nouvelles perspectives, de nouveaux buts, de nouveaux projets et de nouvelles relations enrichissantes. Mais quand on regarde le moment où arrivera la nouvelle angoissante de l'imminence de la mort, on s'en détourne dans la crainte et le refus. C'est le voyage et le travail que bien peu souhaitent. La peur de la séparation finale qu'est la mort est naturelle. L'idée d'un sommeil sans rêve, d'une éternité sans rapport ou échange avec autrui est une des plus difficiles à assumer pour l'être humain.

Là où il y a amour, il y a angoisse quant à la perte de la vie, et c'est l'amour qui fait de la perte de la vie au sens psychique une chose angoissante, car la mort apparaît comme la fin de l'amour, qui est la vie.

(Haroutunian, p. 89)

Nous abhorrons et rejetons le moment où nous serons confrontés à la proximité de notre mort. Mais l'étape du mourir peut se vivre comme l'événement de croissance le plus profond de toute notre vie. Le choc, la douleur et l'angoisse sont grands, mais si on a la chance et le temps de vivre tout le processus, l'accès au plateau de l'acceptation créatrice en vaudra bien le prix.

On n'éprouve pas le choc de la mort par une lecture ou une discussion philosophique dans un fauteuil. Le sentiment d'impuissance et d'isolement vient de tout l'être et non des fantaisies intellectuelles. Le problème de la mort en général ne nous atteint pas au cœur. Ce n'est que face à « ma » mort imminente ou à la mort imminente de quelqu'un que j'aime que je sens les affres de la « soif de vivre ». L'âme tourmentée par l'attachement à la vie éprouve une torture qui vient du fond de l'être, qui un instant glace jusqu'au cœur et met en sueurs l'instant d'après. C'est un combat frénétique où on s'accroche à la vie alors qu'on glisse déjà dans la mort. La lutte du soi contre le non-soi. La possibilité concrète de la mort imminente produit un choc si profond que la première réaction ne peut être que la dénégation. Thomas Bell, l'auteur de *In The*

Midst Of Life (Au Cœur de la vie), un récit autobiographique de sa situation terminale, écrit:

De temps à autre, tout cela devient irréel. La pensée m'en vient au milieu de l'obscurité de la nuit, où m'arrête et me glace en plein jour : cela ne peut pas m'arriver. Pas moi. Un cancer, moi? Seulement quelques mois à vivre, moi? Impossible. Je regarde la nuit ou la rue ensoleillée et j'essaie de m'en convaincre, de le ressentir. Mais ça reste irréel.

La difficulté vient sans doute de ma croyance à demi consciente que ces choses n'arrivent, ne devraient arriver qu'aux autres... Des étrangers, qui ne comptent pas vraiment, qui...ne sont nés que pour faire nombre. Mais je suis moi. Pas un étranger. Pas les autres. Moi!

Je sais bien qu'après avoir fait des lectures sur le sujet ou vu quelqu'un qu'on aime vivre cette expérience, il peut être difficile de continuer à considérer une telle douleur et une telle angoisse comme le début d'une expérience de croissance possible. Mais c'est bien le cas. La douleur est grande parce que la perte est grande. La mort nous sépare de tout ce à quoi nous tenons, y compris de nous-même. C'est la séparation ultime. Et contrairement à ce qui se passe dans les autres situations de croissance, nous n'avons pas le choix de nous séparer ou non. Nous avons cependant le contrôle de la qualité de l'expérience de séparation : c'est nous qui faisons que la vie y est affirmée ou niée.

On peut répondre de plusieurs façons à la destruction de ce à quoi on tient le plus dans la vie. On peut vivre déprimé et dans les cas extrêmes se retirer tout à fait de la vie et mener une vie de séparation psychotique. C'est le désespoir extrême ou ultime. On peut aussi cacher à sa conscience l'aspect négatif de l'existence. Mais on ne fait alors qu'essayer de se le cacher, car cette défense ne tient jamais longtemps, surtout dans les situations des stress extrême comme celles qui impliquent notre mort propre ou celle d'un être cher. J'appelle religieuse la troisième possibilité, qui est de s'impliquer dans des relations créatrices et positives avec autrui. S'ouvrir aux autres et rester ouvert est plus facile à dire qu'à faire en temps de crise. Surtout pour qui n'a pas l'habitude de ce mode de relation avec les autres. Quand on vit la douleur de sa mort ou de celle d'un proche, on n'est pas porté à s'ouvrir pour donner et recevoir soutien et consolation à moins d'avoir d'avance vécu ouvert aux autres dans des situations de joie, de peine, de colère et de haine. Cette troisième réaction, l'ouverture à autrui, est le pas qui conduit le malade terminal à une expérience de croissance.

La lutte pour la croissance en approchant la mort est «une lutte pour le sens et la valeur de la personne». Être, exister, à ce moment de crise, c'est «*vouloir dire quelque chose pour quelqu'un*». Pour l'adulte, la crainte de perdre ses relations avec les personnes importantes de sa vie est plus grande que la crainte de perdre sa propre vie. Nous sommes un animal qui ne peut prendre conscience de soi que dans ses transactions avec autrui. Étant des personnes, nous sommes fondamentalement des êtres sociaux. Nous ne pouvons briser les liens qui nous unissent les uns aux autres sans perdre toute valeur. Comme nos valeurs les plus hautes se centrent sur notre relation avec autrui, la mort est la fin des échanges avec autrui, c'est un «échec de la communion». (Haroutunian, p. 83)

Histoire d'un cas

C'est d'une vieille dame que j'ai appris il y a quelques années, durant mes études d'aumônier, ce que c'était que de croître durant les étapes finales de la vie. Nous étions assis dans la salle d'entrevue avec Miss Martin. C'était un des séminaires du mercredi matin sur la mort et le mourir avec le Dr Elisabeth Kübler-Ross. Miss Martin était l'une des patientes qui avaient accepté de venir nous décrire leur expérience de malades terminales. Miss Martin, le Dr Ross et moi nous faisions face, nos fauteuils et le fauteuil roulant de la patiente formant un triangle intime dans la petite pièce. Les étudiants et le personnel étaient assis dans la pièce d'observation, de l'autre côté de la glace sans tain.

Miss Martin semblait douce et sereine dans sa robe de nuit bleue. De sa voix calme, si différente des cris stridents de quelques mois plus tôt, elle nous raconta, à nous et aux étudiants derrière le miroir, les regrets et les douleurs de son passé et de son présent. Nous l'écoutâmes raconter les difficultés et la solitude d'une femme célibataire dans le monde des hommes d'affaires au cours des années 30. Nous l'écoutâmes rappeler comment elle s'était peu à peu brouillée avec son frère et sa sœur au point que même maintenant que le cancer lui rongeait les intestins, ils ne feraient pas quelques centaines de milles pour lui rendre visite sur son lit de mort. Elle continuait à parler tranquillement.

Sa voix s'éteignit. Elle pencha la tête de côté et ses yeux semblèrent se concentrer sur quelque vision tout au fond d'elle-même. Puis, elle leva les yeux vers l'écran de verre qui la séparait du groupe d'observateurs et dit calmement et fermement :

« J'ai vécu plus au cours des derniers trois mois que durant toute ma vie. ...Je voudrais avoir su il y a quarante ans ce que je sais aujourd'hui sur la vie. J'ai des amis. Merci. »

Nous pleurions. Tous. Infirmières, travailleuses sociales, médecins, ministres, nous pleurions tous devant le miracle de Miss Martin. Nous avions là devant nous une femme, une vieille femme qui avait vécu une longue vie presque sans ami ou sans aucune relation proche. Une femme d'une présence et d'une volonté extraordinaires, qui pouvait encore faire peur à ceux qui la rencontraient. Sa rencontre avec le monde avait été dure, elle en était devenue amère, elle prenait mais n'était pas capable de donner ni de recevoir de personne, avant de nous rencontrer. Le miracle de Miss Martin, c'était la transformation de cette vie de dureté qui avait fait apparaître devant nous au séminaire cette vieille dame ouverte, douce et belle. La croissance de Miss Martin n'avait pas été une conversion soudaine. Elle avait été une longue bataille presque quotidienne de plusieurs mois. Bien des membres du personnel en portaient les cicatrices psychiques.

Il fallait avoir vu cette vieille dame charmante quelques mois avant le séminaire. C'était une requête urgente de l'infirmière de jour en charge de son service, demandant un aumônier, qui avait fait d'elle une de mes « paroissiennes » à l'hôpital. En route pour la chambre de la patiente, j'arrêtai au poste de garde pour me renseigner sur son cas. L'infirmière en charge de ce service était d'ordinaire une personne gentille et respectueuse; mais elle ne l'était plus ce jour-là en me préparant à Miss Martin, le problème numéro un du service. C'était la première fois que j'entendais décrire un patient avec des épithètes si colorées, mais impubliables. Ma rencontre avec elle ce jour-là ne fit que me mettre d'accord avec toutes les épithètes.

On m'expliqua que la patiente, Miss Martin, se remettait d'une intervention abdominale majeure pour un cancer, et que plus elle guérissait, plus elle devenait exigente, abusive, mal engueulée et hargneuse. On avait appelé l'aumônier dans un dernier effort pour l'adoucir un peu et soulager le personnel jusqu'à ce qu'elle fût assez bien pour qu'on puisse l'envoyer dans une clinique.

Malgré ma réticence, j'allai voir Miss Martin. Elle était tout ce que l'infirmière m'avait prédit, mais trois fois pire. C'était une vieille dame vraiment très indigne. Ma première visite ne fit que déclencher un flot interminable de plaintes sur son traitement, le service, sa souffrance, les ministres, la religion, son médecin, tout le monde et tout ce qui lui venait à l'esprit. Mais au fond, j'avais le sentiment qu'elle avait peur d'arrêter de parler, peur de devenir folle si elle se taisait. Elle avait la voix colérique et violente, mais on lisait de la panique dans ses yeux. En me levant du fauteuil, je lui dis que *nous* reviendrions la voir le lendemain, le Dr Ross et moi. Nous le fîmes, et elle devint un de ces malades terminaux très spéciaux de l'hôpital de l'Université de Chicago dont nous nous faisions des amis. Quatre semaines plus tard, elle nous souriait, à nous et même à de purs étrangers. Elle avait commencé à grandir, à l'âge de soixante-huit ans. Atteinte d'un cancer terminal, elle devenait une nouvelle personne.

Au cours de ce mois, Miss Martin nous révéla la puissance et la douleur de ces soixante années de frustration. Elle avait lutté pour réussir en affaires et y avait réussi, mais elle n'appartenait à personne. Elle n'avait pas d'amis. Il ne lui restait pour toute famille qu'un frère et une sœur qui vivaient dans des villes assez voisines de Chicago, mais refusaient de la voir. Rien d'étonnant à cela ; elle n'avait que bien peu de crédit dans leur banque d'affection, ni dans celle de personne d'autre, à vrai dire. Elle avait mené une longue vie d'isolement, possédée par son travail, et ne s'était donnée à personne. Elle fit de nous, le personnel, sa famille et ses amis. Et elle se mit à changer. Elle se mit à sourire. Elle se mit à apprécier davantage et à se plaindre moins. Ce fut bientôt une joie que de lui rendre visite. Elle se construisit une nouvelle vie en ces quelques mois avec nous. Elle luttait avec sa nouvelle identité de vieille femme mourant seule sans personne. Elle traversa la colère et le deuil de perdre tout ce qu'elle avait dans son monde désert, car maintenant les autres l'enrichissaient. Ses colères contre le personnel prenaient un ton moins amer et destructif. Nous voyions la vieille chenille de soixante-huit ans devenir le gracieux papillon. Elle accepta le fait qu'elle ne pouvait effacer des décades de vie ni susciter par magie une relation chaude avec son frère et sa sœur alors que leur histoire ne les y préparait pas et que leur personnalité rigide et impitoyable ne donnait guère d'espoir. Et si elle ne pouvait les avoir, elle nous avait, nous. Elle accepta sa maladie et apprit à accepter les contacts humains qui lui restaient disponibles.

Ainsi pouvait-elle dire dans ce séminaire un mois avant sa mort : « J'ai vécu plus au cours de ces trois derniers mois que durant tout le reste de ma vie. Je voudrais avoir su il y a quarante ans ce que je sais aujourd'hui... J'ai des amis. Merci. » Elle était *une* avec les gens qui partageaient sa vie actuelle, pour la première fois depuis des décades, peut-être pour la première fois de sa vie. Miss Martin mourut grandie. Elle avait donné plus d'ampleur à sa vie en se risquant à traverser les cinq stades de son processus de deuil avec nous. Elle se grandit en mourant. Ses horizons s'élargirent pour inclure le Dr Ross, moi, plusieurs infirmières et plusieurs étudiants dans toutes sortes de disciplines reliées au séminaire sur la mort et le mourir. Les derniers jours devenaient paradoxalement plus riches alors qu'elle approchait de sa fin. C'est bien ce que vivent plusieurs de nos patients et paroissiens alors que nous les aidons à trouver leur chemin à travers la dernière étape de la vie. J'appelle croissance ce processus, ce mouvement vers l'« expansion de soi » qui est la réaction humaine fondamentale à la vie.

Ce qui permit à Miss Martin la plus grande expansion de soi, ce fut d'avoir la chance et la volonté de participer à quelque chose au-delà d'elle-même : la vie d'autres personnes. C'est là un domaine de la croissance humaine où nous sommes entièrement dépendants les uns des autres. « Sur le plan physique, il nous suffit de maintenir ce que nous sommes déjà. » Mais sur ce plan-là, « nous ne partons même pas avec des possibilités. Nous partons avec rien. *Nous ne pouvons pas nous créer nous-mêmes cette existence, seul un autre peut nous la donner.* » C'est une bénédiction.

Au cours d'une séance de thérapie de groupe que je co-dirigeais récemment, une jeune femme qui me savait ministre m'a demandé ma bénédiction. Je venais de lui demander si elle voulait encore quelque chose de moi, aussi ai-je pris sa demande au sérieux. J'ai été réduit au silence durant quelques minutes. Je n'ai pas l'habitude qu'on me demande ma bénédiction, même à l'église. J'ai alors retrouvé le sens humain d'une bénédiction, hors de son sens historiquement religieux. Le sentiment de «*bénédiction*» vient de l'expérience d'*être accepté*. Le concept chrétien de la grâce de Dieu est celui du sentiment d'une acceptation ni méritée ni méritable. Paul Tillich décrit comme suit l'expérience d'être béni :

«Cela arrive ou n'arrive pas. Cela n'arrive sûrement pas quand on essaie de l'obtenir de force ni quand on pense complaisamment qu'on n'en a pas besoin. La grâce nous frappe dans la douleur profonde et sans répit. Elle nous frappe quand nous marchons dans la sombre vallée d'une vie vide et sans sens. Elle nous frappe quand nous sentons notre séparation plus profonde que d'ordinaire parce que nous avons violé une autre vie, une vie que nous aimions ou dont nous étions aliéné. Elle nous frappe quand notre dégoût de nous-même, notre indifférence, notre faiblesse, notre hostilité, notre manque de contrôle et de direction nous deviennent intolérables. Elle nous frappe quand après tant d'années, la perfection tant attendue n'apparaît pas dans notre vie, que les vieilles compulsions nous dominent comme depuis des décades et que le désespoir détruit toute joie et tout courage. Parfois, à ce moment-là, un rayon de lumière pénètre nos ténèbres et c'est comme si une voix nous disait : «Tu es accepté. *Tu es accepté*, accepté par ce qui est plus grand que toi et dont tu ignores le nom. N'en cherche pas le nom maintenant; peut-être feras-tu beaucoup de choses, plus tard. Ne cherche rien. *Accepte simplement le fait que tu es accepté* !» Cette expérience, c'est ce qu'on appelle la grâce. Après cette expérience, on n'est pas nécessairement meilleur qu'avant, on ne croit pas nécessairement plus qu'avant. Mais tout est transformé. En ce moment, la grâce vainc le péché et la réconciliation franchit le gouffre de l'aliénation. Et cette expérience n'exige rien, elle n'a aucun présupposé religieux, ni moral, ni intellectuel, il n'y faut que l'*acceptation.* »

La traversée des cinq stades du deuil par le malade terminal est un processus qui conduit à une bénédiction, à l'«acceptation». Mais on ne peut vivre le processus complètement qu'en sentant l'«acceptation» d'une autre personne. Notre «acceptation» de notre être propre, notre sentiment d'être une personne significative dépend du savoir d'être accepté par quelqu'un ou quelque chose de plus grand que notre moi individuel. C'est à ce point que ceux qui servent les besoins des mourants peuvent devenir des médecins de l'âme. Les mourants peuvent nous apprendre l'importance de la «grâce» dans nos vies. L'acceptation est le début de la croissance.

Religion et croissance

La transformation de Miss Martin était religieuse. Comme le lecteur n'appelle peut-être pas religieuses les mêmes choses que moi, je dirai d'abord comment j'approche la religion. La religion s'occupe des systèmes de rites et de croyances, comme d'ailleurs la famille, l'industrie, le gouvernement, les banques, l'armée et toutes les institutions de la société. Chaque institution sert un besoin social et personnel de base. La religion s'occupe de notre besoin personnel d'un engagement autour duquel notre vie puisse se centrer, qui nous permette de reconnaître le bien et d'agir en conséquence, qui nous permette de prendre notre pleine dimension comme personne.

L'être humain est capable de toute une variété d'expériences et de comportements. Nous serons une fois sauvage et cruel, une autre fois aimant et saint. Nous pouvons vivre l'horreur la plus extrême et l'extase. Nous pouvons à un moment être fermé et défensif comme Miss Martin et nous transformer plus tard en une personne ouverte et aimable. Notre capacité de «transformation radicale» est une de nos quatre caractéristiques principales. La question religieuse est de savoir ce qui peut empêcher ces transformations distinctives et ce qui peut nous permettre de vivre le plus grand bien dont nous soyons capables. La religion, c'est l'engagement à ce qui nous permet d'y arriver. L'«engagement» de Miss Martin lui permit d'atteindre son plus grand potentiel créateur durant les derniers mois de sa vie. Je reviendrai tout à l'heure à l'engagement de Miss Martin. La question religieuse est donc : quel est l'engagement qui nous aidera à mener une vie créatrice et à diminuer notre potentiel de destruction?

Notre conscience personnelle, notre capacité de vivre une « expérience originale » est une autre des caractéristiques humaines qui fondent l'engagement religieux. Nous vivons une grande, bien trop grande, partie de nos vies dans l'« expérience conventionnelle ». Nous nous forçons dans les moules qu'ont fabriqués pour nous notre famille, nos employeurs, nos amis et notre image publique jusqu'à en perdre la perception même de notre identité, à n'être plus que la caricature vide de l'image des autres. Nous perdons contact avec ce que nous sommes vraiment. Nous perdons contact avec la fraîcheur et la vitalité qui nous viendraient de cette conscience « originale » de nous-même, de nos besoins, de nos choix. Ayant perdu cette capacité, nous menons des vies d'autodestruction, qui résultent parfois dans la destruction des autres vies que nous touchons. Nos conflits intérieurs, nos culpabilités chroniques, nos ennuis, nos lassitudes et notre solitude aiguë commencent avec notre dénégation de notre propre conscience, de notre propre expérience créatrice « originale ». Y a-t-il un engagement religieux qui nous permette de transformer notre identité empruntée en notre moi authentique ? Pouvons-nous consacrer nos vies à quelque chose qui nous permette de devenir des personnes plus authentiques ? C'est là la question religieuse qui concerne tout le monde, mourant ou pas.

Chaque foi religieuse tente de fournir une forme d'engagement qui permette de croître en créativité et de transformer sa vie, mais il m'est apparu que le contenu particulier de la foi d'une personne n'a pas d'effet sur son progrès créateur. La façon dont il interagit avec les autres et prend conscience de soi a plus d'importance pour le mourant que le contenu de ses mythes religieux ou sa philosophie articulée.

Miss Martin était agnostique. Elle ne croyait pas en Dieu et ne le niait pas non plus. La question de Dieu ne se posait pas dans sa façon de voir le monde. Quand elle devint plus aimante, moins destructrice, plus ouverte à sa propre expérience et à celle des autres, le concept de Dieu resta toujours sans pertinence. Il n'y eut pas de conversion piétiste dramatique dans les derniers moments.

Les mourants en arrivent au stade d'une nouvelle transformation de leur vie. Ils peuvent comme Miss Martin croire qu'ils n'ont le choix qu'entre se battre dans la panique, le dos au mur, et s'abandonner au désespoir. Mais même au moment du diagnostic d'une maladie terminale, on est toujours humain, on a la possibilité d'une croissance radicale de sa conscience de la vie. Mais ce changement radical pour le mieux se paie : il faut devenir une personne engagée. Engagement, non pas à l'égard d'un dogme ou d'un rite religieux : l'engagement est un acte ou une série d'actions qui nous ouvrent à la conscience de qui nous sommes vraiment dans cette nouvelle situation de la vie, et nous libèrent du codage conventionnel qui nous dit comment ressentir cette expérience. Miss Martin vécut cet engagement. Après avoir appris qu'elle allait mourir, elle faisait toujours semblant d'être la vieille dame riche qui pouvait crier et rager pour obtenir satisfaction. Elle avait perdu contact avec sa propre situation dès avant sa maladie. Elle s'était faite une image stéréotypée d'elle-même au début de sa carrière dans les affaires, alors qu'il lui fallait lutter pour réussir. Sa situation avait changé, mais elle vivait toujours selon le même vieux scénario. Il lui fallait bien réussir en affaires, mais comme tant d'entre nous elle s'était prise dans un rôle et avait perdu sa capacité de vivre toute expérience originale.

Si elle réussit à entrer en contact avec ce qui lui arrivait à l'hôpital, cela ne lui tomba pas du ciel. Il lui fallut s'engager à prendre conscience d'elle-même comme elle était dans le présent, comme une personne qui approchait de la mort. Elle avait à sa disposition l'occasion de briser les barrières et de vivre sa propre expérience, mais elle n'y était pas forcée; il lui fallut tenter l'expérience et prendre le risque d'assurer ses sentiments du moment, ses valeurs, ses rêves, ses perceptions et ses fantaisies. Elle devint *engagée* à se chérir elle-même comme personne, à se donner de la valeur en tant que corps connaissant la joie, la peine, l'amour, la haine, la confusion, la clarté, la solitude et l'être-avec. L'engagement à vivre son identité est à la base de toute transformation d'une vie. Le premier point à l'ordre du jour de la thérapie d'un névrosé qui mène une vie d'autodestruction est de prendre contact avec sa propre expérience de lui-même dans sa situation présente. La transformation en mieux de la vie commence quand on s'engage à vivre l'expérience de sa propre identité, quand on s'engage à répondre à la question : qui suis-je ? Ici. Maintenant. C'est le premier niveau d'engagement religieux.

Il fallut à Miss Martin un autre engagement pour réaliser le plein potentiel de changement de cette période. Non seulement dut-elle s'engager dans la conscience de sa propre expérience originale, mais encore fallut-il qu'elle communique, qu'elle partage cette expérience avec les autres, s'intéresse à l'expérience de ceux qui l'entouraient et la comprenne. Elle s'engagea de plus en plus dans le dialogue, la conversation d'échange mutuel avec les autres. Elle se permettait d'écouter et d'être écoutée, de comprendre et d'être comprise.

On pense rarement à la conversation comme à un engagement, mais c'en est un. Je trouve difficile d'exprimer ce que je sens vraiment et de dire à une autre personne ce qui est important pour moi au moment présent. Il me faut une sorte d'« engagement » pour y arriver, et je crois qu'il en va de même pour à peu près tout le monde. Il est aussi difficile d'écouter. Nous sommes d'ordinaire si pleins de nos propres pensées et réactions que nous écoutons rarement quelqu'un d'assez proche pour saisir la saveur réelle de ce qu'il essaie de nous transmettre. C'est la communication créatrice profonde qui nous permet de vivre le sentiment d'appartenir aux autres, limite le potentiel destructeur et favorise le coté constructif de nos vies. La vie est un combat. C'est un combat que d'assumer une vie de changement, mais cette vie de changement ne nous permet de prendre pleinement conscience de nous-même comme personne que dans la mesure où nous nous permettons cet engagement envers autrui qui maintient le dialogue créateur. C'est ainsi qu'on accède à la maturité. On pourrait mesurer la maturité au degré où l'intérêt dépasse le désir immédiat de bien-être personnel ; ce qui ne signifie pas que la maturité soit de porter un silice. La maturité humaine, la maturité personnelle et la maturité religieuse ont toutes pour moi le même sens et se mesurent à la capacité de s'engager dans cette forme d'échange humain. À chaque étape de notre vie, mais surtout à l'étape terminale, la question la plus cruciale est la suivante : comment m'ouvrir, exprimer mon moi original et rencontrer d'autres personnes qui font la même chose ?

C'est là ma réponse au second problème de la religion (après le problème de l'identité), le problème religieux de « Qu'est-ce que je devrais m'engager à faire ? Quel est mon but dans la vie ? Qu'est-ce qui me permettra de maximiser le bien ? Qu'est-ce qui me protègera contre l'ennui, la solitude, les conflits intérieurs et les sentiments de culpabilité chroniques ? » La plupart des systèmes de croyances religieuses ont un commandement ordonnant d'avoir confiance en Dieu et de nous aimer les uns les autres. Le « dialogue créateur », c'est ma façon de parler des mêmes choses. Il y a bien des gens qui peuvent vivre cette sorte de dialogue et en tirer les bénéfices sans lui donner de nom. Miss Martin n'avait pas de nom à lui donner. Mais après deux mois de pratique, elle savait d'expérience ce que c'était que de donner et de recevoir de l'amour. Le patient mourant, pour être transformé, doit être engagé à (1) acquérir le sentiment de son identité propre en s'ouvrant à la conscience de son expérience présente ou « expérience originale » et (2) s'engager dans un dialogue mutuel avec d'autres personnes significatives au sujet de cette expérience.

Il est un troisième niveau d'engagement religieux essentiel aux époques de transformation personnelle comme celle que traverse le patient mourant. On considère surtout à ce niveau le plan fonctionnel ou le scénario de vie d'après lequel nous déterminons nos prochains pas dans la vie et comprenons les derniers. Chacun a sa façon particulière de voir le monde et d'unifier son expérience de façon cohérente, qui l'aide à comprendre ce qu'il a fait, fait et prévoit faire. Pour l'un c'est une philosophie de la vie, pour l'autre une théologie. Peu importe le nom. Il s'agit de la façon caractéristique de chacun d'obtenir ce qu'il veut et de s'en expliquer à lui-même et à autrui. L'engagement religieux, l'engagement à transformer sa vie de façon créatrice, peu importe la situation, exige d'avoir quelque idée cohérente du monde où on vit, de ses raisons d'agir comme on fait et des raisons des autres d'agir comme ils font. Il n'est pas nécessaire que cette compréhension soit articulée de façon systématique ni même entièrement consciente, mais elle doit s'exprimer dans la vie comme figure d'intégration majeure. Il nous faut une compréhension, consciente ou non, de notre comportement et de celui des autres. Sans quelques plans qui rendent quelque peu prévisible nos activités et les actions des autres, sans le sentiment d'aller dans une direction où on obtiendra davantage de ce dont on a désir et besoin, sans le sentiment que la vie a un plan ou une direction, la vie apparaît fragmentée et sans but.

Est-il si étrange de penser qu'un mourant ait une direction et un projet de vie? Le malade terminal qui traverse les cinq stades en tire le bénéfice de changer et de vivre les jours qui lui restent avec un sentiment de cohérence. Le stade de l'acceptation, dernier dépassement qu'effectue le patient, est le moment où la personne réussit à recentrer sa vie et devient plus autonome et autosuffisante. Il est souvent difficile aux amis intimes et à la famille du patient de faire face à cette réalité. La personne acceptante vit avec un sentiment relativement unifié d'elle-même. Les gens qui mènent une vie dirigée et engagée donnent l'impression d'avoir une assurance spéciale, un centre stable, un cœur.

C'est là l'effet du troisième niveau d'engagement religieux et la réponse à la question religieuse «Comment vivre ma vie?» Peu importe qu'il n'y ait ni poème connu ni foi religieuse établie qui permettent de réciter cette réponse : ce qui compte, c'est de se comporter et d'agir de façon centrée. C'était son sentiment centré d'elle-même qui faisait dire à Miss Martin : «J'ai vécu plus au cours des trois derniers mois que durant tout le reste de ma vie.» Elle parlait du centre qui avait donné à sa vie déclinante une perspective et une compréhension qu'elle avait ignorées jusque-là. Elle avait grandi. Elle avait dépassé un style de vie pour s'adapter plus authentiquement à sa situation présente. Sa vie, la mienne et la vôtre ont en commun cette grande variété des expériences et des comportements possibles. C'est une des joies et un des problèmes de la condition humaine que son infinie capacité de changement créateur et de dépassement. Nous sommes créés pour le dépassement comme les oiseaux pour le vol et les poissons pour la nage.

Vivre à pleine capacité et jusqu'au dépassement exige une vie consciente, dirigée et de communication mutuelle de soi-même. En d'autres mots, l'engagement religieux consiste à trouver son identité, s'engager envers les autres et recevoir leur engagement envers soi, et vivre de façon cohérente et directionnelle. La réponse que chacun donne à ces trois questions résume son engagement religieux : Qui suis-je? À quoi est-ce que je m'engage? Comment est-ce que je vis mon engagement?

Les réponses que j'ai données à ces trois questions viennent de mon expérience de vie, de ma réflexion et de ma lecture des expériences des autres. Je les vérifie par mon observation de la façon dont réagissent à eux-mêmes, à leur situation et aux autres des gens qui subissent l'expérience de dépassement la plus importante de leur vie en vivant en présence de la réalité de la mort imminente. J'y décèle des constantes qui soutiennent les assertions cidessus.

Mes quelques années d'expérience avec des patients qui vivent leur processus de deuil m'ont appris que tous ne se rendent pas au terme du processus. Il y a des gens qui se prennent à un stade (voir la figure des cinq stades) et semblent y rester jusqu'à leur mort. Certains se prennent quelque part et puis se remettent en marche vers la résolution après un certain temps. D'autres traversent les cinq stades plus facilement avec un minimum d'intervention ou de soutien du personnel.

J'ai conçu et exécuté une recherche visant à comprendre la dynamique religieuse qui sous-tend le processus de dénégation et la résistance du malade terminal à évoluer jusqu'à l'acceptation. Ce qui m'a le plus frappé, c'est que les résultats de cette étude venaient soutenir empiriquement tout ce que nous avons dit jusqu'ici. Ils démontraient que les gens qui vivent le moins de dénégation et traversent le plus facilement les cinq stades en apprenant qu'ils sont atteints d'une maladie terminale sont ceux qui (1) sont prêts à parler en profondeur de leur expérience présente avec des personnes significatives, (2) rencontrent les autres sur un pied d'égalité, c'est-à-dire sont capables d'entrer avec autrui en un dialogue réel ou chacun peut partager le réel de l'autre, et (3) acceptent le bien avec le mal. Ils sont un cadre de référence où les événements tragiques et heureux de leur passé et de leur présent prennent leur sens et qui donne à leur vie le sentiment d'une direction et d'un accomplissement.

Cette étude révélait entre autres que le processus de mourir est un processus de réengagement dans la vie dans la nouvelle situation. Les trois indices de ce réengagement

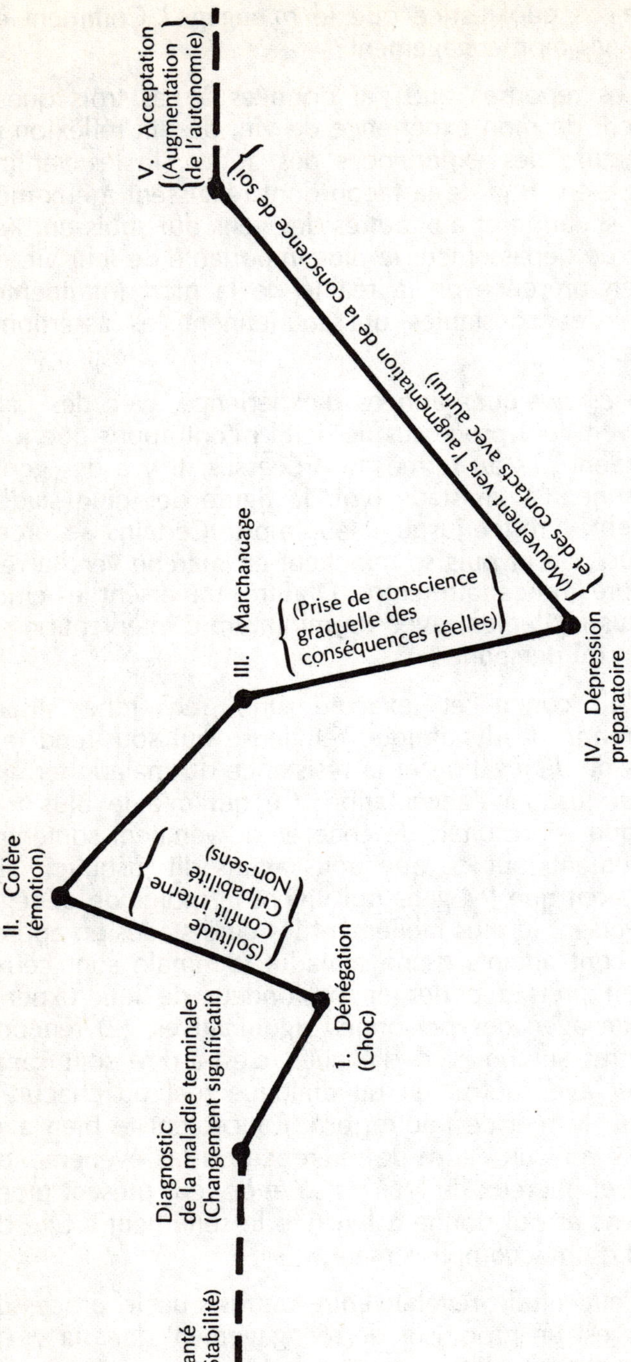

Santé
(Stabilité)
Diagnostic
de la maladie terminale
(Changement significatif)
I. Dénégation
(Choc)
(Solitude
Conflit interne
Culpabilité
Non-sens)
II. Colère
(émotion)
III. Marchanuage
(Prise de conscience
graduelle des
conséquences réelles)
IV. Dépression
préparatoire
(Mouvement vers l'augmentation de la conscience de soi
et des contacts avec autrui)
V. Acceptation
(Augmentation
de l'autonomie)

sont très semblables aux attributs de la maturité définis dans les écrits de Gordon Allport.

La capacité du patient de parler en profondeur de sa conscience actuelle, de ses souvenirs, rêves et espoirs tout en restant pleinement conscient de la réalité de la maladie correspond à ce qu'Allport appelle l'« objectivation de soi ». Allport décrit l'objectivation de soi comme la capacité de se voir objectivement, d'avoir une intuition juste et réfléchie de sa propre vie. L'individu intuitif se voit lui-même comme les autres le voient et s'aperçoit par moments dans une sorte de perspective cosmique. Il a « la capacité de comparer l'affect de l'expérience présente à celui de l'expérience passée » à la condition que le passé n'éclipse pas par sa qualité l'expérience présente. Pour Allport, la conscience présente de soi-même est un des attributs majeurs de la maturité. Ce qui coïncide avec ce qu'on voit du comportement des malades terminaux qui s'avancent vers la résolution de leur deuil.

La capacité du mourant d'entrer dans des relations d'égal à égal plutôt que de rester dans des relations d'apitoiement est comparable à ce qu'Allport appelle l'« extension de l'ego » et décrit comme « la capacité de s'intéresser à autre chose qu'à son corps et à ses possessions matérielles ». Pour la plupart d'entre nous et aux meilleures époques de notre vie, c'est un effort que de communiquer vraiment avec quelqu'un. C'est toujours un combat. Il semble que ceux qui ont d'avance pratiqué cette ouverture y arrivent plus facilement quand se produit la crise de la maladie terminale.

La capacité qu'a le patient d'insérer sa situation actuelle dans un cadre de vie significatif est ce qu'Allport décrit comme « une philosophie unifiant la vie... qui peut ou non être religieuse, mais doit de toute façon fournir un cadre de signification et de responsabilité où viennent s'insérer les activités majeures de la vie ». Il n'est pas nécessaire qu'elle soit « formulée en mots ni tout à fait complète, mais sans la direction et la cohérence que fournit un cadre d'intégration dominant, la vie semble fragmentée et sans but ».

Ces attributs ou engagements, comme on voudra, correspondent aux questions religieuses essentielles. L'identité, l'engagement et la direction sont les canaux de la signification personnelle de l'homme, peu importe de quelles idéologies culturelles on se sert pour les expliquer. Je crois que ce sont les *substrata* religieux de la vie humaine. Allport dit que « ces attributs de la maturité n'ont pas été choisis de façon arbitraire. Ils représentent les trois grandes avenues de développement ouvertes à l'être humain au cours de sa croissance : l'élargissement des intérêts (l'expansion de soi), le détachement et l'intuition (l'objectivation de soi) et l'intégration (l'unification de soi). Je doute que des critères de maturité établis scientifiquement puissent différer substantiellement de ces trois-là. » (*The Individual and His Religion*, p. 60 ss.)

Nous sommes tous comme Miss Martin des créatures de dépassement, capables d'un potentiel immense. Nous pouvons passer des sommets glorieux de la joie aux profondeurs désespérées de l'angoisse. Notre rage menaçante peut se fondre en douceur caressante. La colère destructrice de Miss Martin devint une reconnaissance calme. Quand on se sent *accepté* dans son deuil, on prend le risque de quitter la dénégation pour l'acceptation et la résolution. Nous sommes avant tout capables de vivre de grands dépassements. Pour assumer les situations de changement significatif, nous traversons un processus très semblable à celui du mourant, qu'illustre le diagramme des cinq stades.

Apprendre à vivre comme mourant, c'est un peu comme l'apprentissage nécessaire après un divorce ou une séparation d'avec une personne importante. Certains peuvent s'engager en changeant d'emploi ou en recevant une récompense ou une distinction importante sur ce même chemin de dépassement sur lequel nous engagera l'expérience des derniers jours de notre vie. La conversion religieuse, qui ouvre à des directions de vie radicalement nouvelles, fait aussi parcourir les cinq étapes. Le chapitre VI d'Isaïe, dans l'Ancien Testament, est une description de l'expérience que fait le prophète de ces cinq étapes. Il passe du choc et de la dénégation initiale à des émotions de terreur et de culpabilité, puis à un marchandage rédempteur; il lutte contre la dépression en comprenant le véritable coût de son nouvel engagement et arrive à l'acceptation finale de sa tâche prophétique. L'Âpôtre Paul eut son Chemin de Damas et l'Évangile de Luc décrit l'expérience de conversion de Jésus, qui commence à son baptême et se continue par sa tentation sur la montagne (Luc 3, 21 ss).

Les « cinq stades » sont le chemin de la croissance optimum et de la vie créatrice. Les trois modes d'engagement et de développement humain sont nos guides sur cette route. Il est vraiment possible de vivre pleinement jusqu'à la mort.

Bibliographie

GORDON ALLPORT. *Personnality and Social Encounter*. Boston : Beacon Press, 1964.

GORDON ALLPORT. *The Individual and His Religion*. New York : The Macmillan Co., 1950.

ANDRAS ANGYAL. *Neurosis and Treatment : A Holistic Theory*. New York : Viking Press, 1973.

THOMAS BELL. *In the Midst of Life*. New York : Atheneum, 1961

JOSEPH HAROUTUNIAN, « Life and Death Among Fellowmen », *The Modern Vision of Death*. Ed. Nathan A. Scott, Jr.

ELIZABETH KÜBLER-RROSS. *On Death and Dying. New York :* Macmillan Co., 1969.

JOEL LATNER. *The Gestalt Therapy Book*. New York : Julian Press, 1973.

HOWARD THURMAN. *Disciplines of the Spirit*. New York : Harper & Row, 1963.

Ω

Oméga

Il n'est nul besoin d'avoir peur de la mort. Ce n'est pas de la fin du corps physique qu'on devrait s'inquiéter. Il vaut mieux s'occuper de *vivre* tant qu'on est en vie, de libérer son soi intérieur de la mort spirituelle où l'on tombe en vivant derrière une façade faite pour se conformer aux définitions extérieures de ce qu'on est, de qui on est. Chaque humain né sur cette terre a la capacité de devenir une personne spéciale et unique, différente de toutes celles qui ont existé ou existeront jamais. Mais dans la mesure où nous devenons prisonniers de comportements et de rôles définis culturellement, où nous devenons des stéréotypes et non nous-mêmes, nous bloquons cette capacité d'actualisation de nous-mêmes. Nous nous empêchons de devenir tout ce que nous pourrions être.

La mort est la clef qui ouvre la porte de la vie. C'est en acceptant le finitude de l'existence individuelle qu'on peut trouver la force et le courage de rejeter ces rôles et attentes extrinsèques et consacrer chaque jour de sa vie, si longue qu'elle soit, à croître aussi pleinement que possible. Il faut apprendre à utiliser ses ressources intérieures, à se définir selon son propre système d'évaluation intérieur plutôt que d'essayer de se conformer à un rôle stéréotypé quelconque.

C'est pour une part la dénégation de la mort qui fait mener aux gens ces vies vides et sans but; car en vivant comme si on allait vivre toujours, il est trop facile de remettre à plus tard ce qu'on sait devoir faire. On vit dans l'attente du lendemain ou le souvenir du passé et entre-temps chaque jour se perd. Celui qui, au contraire, comprend que le jour auquel il s'éveille pourrait être le dernier prend le temps de croître *ce jour-là*, de devenir lui-même et de rejoindre les autres.

Il est urgent que chacun s'engage à cette croissance, peu importe combien de jours, de semaines, de mois ou d'années il lui reste à vivre. Nous traversons une époque d'incertitude, d'angoisse, de peur et de désespoir. Il y est essentiel de prendre conscience de la lumière, du pouvoir et de la force qu'on porte en soi et de mettre ses ressources intérieures au service de sa croissance propre et de celle des autres. Le monde a un besoin désespéré d'humains dont le niveau de croissance personnelle leur permet de vivre et de travailler avec les autres dans la coopération et l'amour, de s'occuper des autres — non pas de ce qu'ils pensent de vous ou de ce qu'ils peuvent vous faire, mais de ce que vous pouvez faire pour eux. Envoyez aux autres de l'amour et le reflet de cet amour vous reviendra ; le comportement d'amour fait grandir et briller d'une lumière qui éclaire les ténèbres de l'époque où nous vivons, que ce soit dans la chambre d'un mourant, sur une rue du ghetto de Harlem ou chez vous.

L'humanité ne survivra que grâce à l'engagement et à l'implication des individus dans leur propre croissance, à leur propre amélioration et à celle des autres. Il faudrait pour cela que se développent parmi tous ses membres des relations d'amour et d'affection où chacun s'engage autant à la croissance et au bonheur des autres qu'au sien propre. L'engagement de l'individu à sa croissance personnelle est sa contribution à la croissance et à l'évolution de l'espèce entière, pour que l'humanité devienne tout ce qu'elle doit être. La mort est la clef de cette évolution. Car ce n'est qu'en comprenant le vrai sens de la mort dans l'existence humaine que nous trouverons le courage de devenir ce que nous sommes destinés à être.

Quand les hommes comprendront leur place dans l'univers, ils seront capables de croître pour assumer cette place. Mais la réponse n'est pas dans des mots sur cette page. La réponse est en vous. Vous pouvez devenir la source et le canal d'une grande force intérieure. Mais il faut tout abandonner pour tout gagner Que faut-il abandonner? Tout ce qui n'est pas le vrai soi; tout ce qu'on a choisi sans choisir, ce qu'on estime sans l'avoir estimé, ce qu'on accepte à cause d'un jugement extrinsèque plutôt que du sien propre; tout le doute qui empêche de se faire confiance, de s'aimer soi-même et d'aimer les autres. Qu'y a-t-il à gagner? Rien que son vrai soi; un soi en paix, capable d'aimer vraiment, d'être aimé et de comprendre ce pourquoi il est fait. Mais on ne peut être soi-même qu'en n'étant personne d'autre. Il faut renoncer à « leur » approbation, quels qu'*ils* soient, et se fier à soi-même pour juger du succès ou de l'échec selon ses aspirations et ses valeurs propres. Rien n'est plus simple et rien n'est plus difficile.

Où trouver la force et le courage de rejeter ces définitions extérieures de soi-même et de choisir plutôt la sienne propre?

Tout est en nous, si nous n'avons pas peur de regarder. La mort peut nous montrer le chemin, car en sachant et en comprenant complètement que notre temps sur terre est limité et que nous n'avons nul moyen de connaître le moment de notre fin, nous devons vivre chaque jour comme si c'était le seul. Il faut prendre *maintenant* le temps de devenir soi-même, pas à pas, à une vitesse qui ne fasse pas peur mais donne la hâte du pas suivant. La pratique de la compassion, de l'amour, du courage, de la patience, de l'espérance et de la foi amène en récompense une conscience sans cesse plus grande de l'aide qui vient quand on cherche en soi-même la force et le conseil. Quand un être humain « trouve le lieu de calme et de paix le plus haut dont il est capable, les influences célestes se déversent en lui, le renouvellent et l'emploient au salut de l'humanité*. »

La mort est la dernière étape de la croissance en cette vie. Il n'y a pas de mort finale. Seul le corps meurt. Le soi ou l'esprit, peu importe comment on l'appelle, est éternel. À chacun sa façon d'interpréter cela.

On peut si on veut voir l'essence éternelle de son existence comme l'effet de chacune de ses attitudes et de chacu-

---

* *The Quiet Mind,* Hampshire, Angleterre : The White Eagle Publishing Trust, 1972.

ne de ses actions sur tous ceux qu'on rencontre, puis sur ceux qu'ils rencontrent et ainsi de suite, longtemps après la fin de sa vie. On ne connaîtra jamais, par exemple, les effets à long terme d'un sourire et des mots d'encouragement qu'on donne aux êtres avec qui on vient en contact.

On peut trouver plus de bien-être et de consolation à croire qu'il y a une source de bonté, de lumière et de force plus grande que chacun de nous mais inhérente à chacun de nous et que chaque soi essentiel a une existence qui transcende la finitude du monde physique et contribue à cette puissance supérieure.

Dans ce contexte, on peut voir la mort comme le rideau qui sépare l'existence dont nous sommes conscients et celle qui nous reste cachée jusqu'au lever du rideau. L'ouvrir symboliquement pour comprendre la finitude de l'existence connue et apprendre ainsi à vivre au mieux chaque jour, ou l'ouvrir réellement à la fin de l'existence physique, peu importe. Ce qui compte, c'est de voir qu'en comprenant pleinement ce que nous faisons ici et ce qui se passera quand nous mourrons, nous trouvons notre but comme êtres humains, qui est de croître, de voir en nous-mêmes et d'y trouver cette source de compréhension et de force qu'est notre moi intérieur, d'offrir aux autres l'amour, l'acceptation et le conseil patient et de garder espoir en ce que nous pouvons devenir tous ensemble.

Pour trouver la paix, il faut avoir le sens de l'histoire, se sentir partie de ce qui a précédé et de ce qui viendra. Ainsi entouré, on n'est plus seul et le sentiment d'urgence du présent prend sa juste place : n'emploie pas frivolement le temps qui est tien. Chéris-le, que chaque jour te fasse croître en conscience et en profondeur. N'emploie pas cette croissance égoïstement, mais au service de ce qui sera, dans la marée du temps futur. Ne laisse jamais passer un jour sans ajouter à ce que tu comprends. Que chaque jour soit une pierre dans le sentier de ta croissance. Ne te repose pas avant d'avoir fait ce qui était prévu. Et n'oublie pas : va aussi lentement qu'il le faut pour maintenir un pas régulier, ne gaspille pas ton énergie. Et enfin, ne laisse pas l'urgence illusoire de l'immédiat te distraire de la vision de l'éternel...

ELISABETH K. ROSS

LAURIE BRAGA

JOSEPH BRAGA

Table des matières

*Cet ouvrage reproduit par procédé photomécanique
a été achevé d'imprimer sur presse CAMERON
dans les ateliers de la S.E.P.C.
à Saint-Amand (Cher), en janvier 1992*

Éditions du Rocher
28, rue Comte-Félix-Gastaldi
Monaco

N° d'édition : CNE, section commerce et industrie Monaco 19023
N° d'Impression : 2991
Dépôt légal : mars 1985